藤村好美
赤尾勝己
堀尾輝夫
金藤ふゆ子
谷島美和
生島美和
佐々木保孝
田中雅文
安藤耕己
山川肖美
志々田まなみ
金侖貞

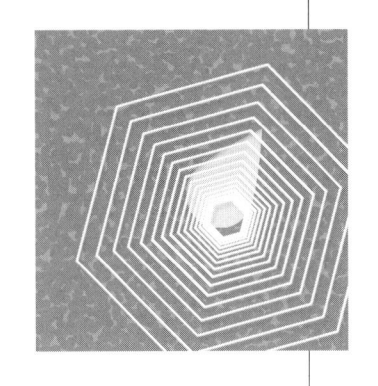

生涯学習社会の構図

小池源吾
手打明敏【編著】

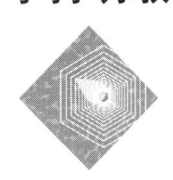

福村出版

|JCOPY| 〈(社)出版者著作権管理機構 委託出版物〉
本書の無断複写は著作権法上での例外を除き禁じられています。複写される場合は、そのつど事前に、(社)出版者著作権管理機構（電話 03-3513-6969、FAX 03-3513-6979、e-mail: info@jcopy.or.jp）の許諾を得てください。

序　文

　現代社会は、その変化の加速度化によって、生活全般にわたり未曾有の問題を人びとに突きつけてきた。1965年、パリで開催された成人教育推進国際委員会席上において、ユネスコ成人教育部長ポール・ラングランが「伝統的な教育概念の抜本的な変革」を訴えた理由は、そこにあった。

　ラングランを嚆矢とする論者たちが生涯学習を提唱して、はや半世紀が経とうとしている。この間、わが国においても、「生涯学習」という用語は広く国民の間に浸透してきた。それにともなって、生涯学習の意義や必要性も認知されてきたことはおおいに評価してよい。にもかかわらず、内閣府の「生涯学習に関する世論調査」にみるごとく、「過去一年間に生涯学習を実施した」者の割合は、いまだ全体の半数に満たない。そればかりか、生涯学習の実施率は前回の調査結果よりも低下しているのだ。

　周知のごとく、「生涯学習」は、その理念から、学習者の主体性に目を向けさせたばかりか、「教育行政」のめざすところを教育的福祉の増進に定位した。いまや、文部科学省のみならず、厚生労働省、経済産業省、国土交通省、農林水産省、環境省などの省庁がいずれも生涯学習行政に積極的な取り組みをみせている。生涯学習に関する施策は、もはや文部科学省の専有物ではなくなった。もっとも、縦割り行政の旧弊を打破できぬまま、各省庁は、こぞって、われ先にと生涯学習行政に取り組むものだから、必然的に、政策や事業面での重複および遺漏は避けがたいものとなる。

　このようにみてくると、生涯学習をめぐる状況は、明暗入り乱れて推移してきたことがわかる。とりもなおさずそれは、生涯学習社会のグランドデザインが不在であったことを意味している。

　それだけに、地方自治体における行政効率のみを追求した昨今の改革は気がかりである。地方分権、規制緩和、広域合併などの動きと相まって、いくつか

の自治体では、首長の独断で、生涯学習行政の所掌を教育委員会から一般行政部門に移管してきた。生涯学習の理念など一顧だにされぬまま、政策が決定されてしまうから、将来に禍根を残すことになる。しかも困ったことに、指定管理者制度の導入にしろ、公民館のコミュニティセンター化にしろ、これから矢継ぎ早に断行されるであろう諸改革のほんのプロローグにすぎない。だからこそ、生涯学習社会を構築するにあたってグランドデザインの大切さを、ここで、繰り返し強調しておきたいのである。

そうした問題意識から、本書では、生涯学習をめぐるこれまでの成果を理論と実践の両面から把捉するとともに、最新の研究成果をも視野におさめて、来るべき生涯学習社会を展望することを意図した。具体的には、生涯学習社会を構築するための要諦を、思想、理論、計画、実践の四つの次元に整理し、しかも、本書を利用してくださる方々が、抽象的な次元から、漸次具象へと学習を展開することができるように工夫した。すなわち、まず第1章では生涯学習論の系譜を概観した後、第2、3、4章では、青少年期、成人期、高齢期を取りあげ、各期の発達特性とそれにみあう学習活動と支援の理論を考察する。ついで計画論では、第5章において、一定のエリアを想定したうえで生涯学習のシステムづくりを検討しようとするのに対して、第6章では、個別事業計画に特化して分析を試みた。また、「オシエ、ソダテル」実践から脱皮することの重要性に鑑み、第7章は、地域住民の自治と学習に関する考察にあてた。

実践に関しては、生涯学習活動の場を、ひとまず第一セクター、第二セクター、第三セクターに3分類し、第8章、9章、10章のそれぞれで、公的社会教育施設、民間セクター、NPOが行う生涯学習実践について検討を加えた。

ところで、めまぐるしく変動する現代社会であってみれば、生涯学習もまた絶え間なく新たな動向や課題に直面することになる。そのため、最後のセクションでは、生涯学習が当面する諸課題のうちから、青少年の社会参加とキャリア支援、資格化社会の功罪と対策、ニューメディアによる学習の可能性と課題、国際化する社会における多文化共生の問題について考察することにした。

生涯学習に関心をお持ちの学生諸君はもとより、すでに生涯学習に携わっておられる専門家の方々の利用に供することができれば幸いである。

2009年3月

編著者

目　次

序文　3

第1章　生涯学習の思想

　第1節　生涯学習論の源流と三つの系譜　9
　第2節　教養教育型の生涯学習　11
　第3節　継続職業訓練型の生涯学習　15
　第4節　社会変革型の生涯学習　17
　第5節　日本における生涯学習論の受容と展開　19

第2章　生涯学習社会を生きる力

　第1節　近代における「子どもの発見」とペダゴジー　25
　第2節　アンドラゴジーの開発　27
　第3節　アンドラゴジーの展開　30
　第4節　生涯学習社会を実現するための課題　35

第3章　成人の学習を拓く理論

　第1節　成人教育に対応する学習論　43
　第2節　個人レベルを単位とした学習論　46
　第3節　組織を単位とした学習論　50
　第4節　成人の学習に関わる理論の概観　53

第4章　高齢者の学習と支援

　第1節　高齢者の特性を活かした学習支援の問題　57

第2節　高齢期の発達特性と学習支援　60
第3節　高齢者への学習支援のプログラム－高齢者大学の視点を中心に－　65
第4節　高齢者の学習支援をめぐる課題　69

第5章　地域生涯学習の振興

第1節　生涯学習の現代的課題　73
第2節　地域生涯学習の振興　75
第3節　地域開発施策と地域生涯学習の振興　79
第4節　地域生涯学習振興計画の留意点　82

第6章　学習プログラム編成の原理

第1節　学習プログラムの概念　87
第2節　社会教育事業の実態　90
第3節　学習プログラム編成の基本原理　92
第4節　学習プログラム編成の留意点　96

第7章　地域の自治と住民の学習

第1節　生涯学習の目標としての地域の自治　101
第2節　ハンブルク市の自治体内分権と地区　103
第3節　ボルン街区における「学習する地域」と「地域マネジメント」　108
第4節　自治の主体を形成する学習　113

第8章　社会教育施設の生涯学習

第1節　多様に広がる社会教育施設　115
第2節　社会教育施設の施策と実践　116
第3節　「指定管理者制度」と施設運営　122
第4節　地域社会教育施設における実践の評価　125

第9章　民間セクターの生涯学習

第1節　カルチャーセンターの概要　131

第2節　カルチャーセンターの経営実態　134
第3節　カルチャーセンターにおける学習　136
第4節　生涯学習社会におけるカルチャーセンターの役割　140

第10章　NPOと生涯学習

第1節　NPOの概念と役割　145
第2節　NPOにおける学びの諸相　149
第3節　NPOの教育力　152
第4節　NPOの可能性　－アイデンティティ形成と社会変革－　155

第11章　青少年の社会参加とキャリア支援

第1節　青少年に求められる社会参加　159
第2節　1990年代後半以降における「居場所」づくりの展開　163
第3節　青少年のキャリア支援をめぐる動向　165
第4節　キャリア支援施策の現状と課題　168

第12章　資格化社会の生涯学習

第1節　「学習成果の評価」論の登場　173
第2節　学習成果の評価に関する基本原則　175
第3節　生涯学習社会の構築と社会的評価　177
第4節　資格化する生涯学習　181
第5節　学習成果の評価と学習の自由　183

第13章　ニューメディアと生涯学習

第1節　教育の民主化に貢献するニューメディア　189
第2節　インタラクティブな学習支援サービス　193
第3節　遠隔教育を支えるシステムと専門家　196
第4節　ニューメディアを利用した生涯学習の課題　200

第14章　国際化と多文化共生

　　第1節　多文化教育の前史　　205
　　第2節　在日外国人をめぐる教育支援の動き　−川崎市の場合−　　207
　　第3節　自治体における多文化教育への取組み　　210
　　第4節　実現可能な多文化共生へ　　213

索引　　217

第1章　生涯学習の思想

第1節　生涯学習論の源流と三つの系譜

(a)　『1919年報告書』とバジル・イークスリーの生涯学習論

　今日「生涯学習」という言葉は、急速に市民権を得てきた。たとえば、2008年の内閣府の全国世論調査では、「生涯学習という言葉を聞いたことがある」と答えた人が8割を超えている[(1)]。しかしその一方で、「生涯学習論とはどのような学問なのですか」と問う人がいることも否めない。

　「生涯学習」を、「生涯にわたって学習すること」と字義的にとらえれば、今さらの感があり、果たして学問として成立するのか不思議に思うのも無理はない。つまり、「人間が生涯にわたって学び続け、自己を完成させていく」という個人の人格の修養を目指す生き方というのは、改めていうまでもないことで、洋の東西を問わず、古くから語られてきた考え方だからである。

　たとえば、2,500年も前の孔子の言葉にある「子曰く、吾れ十有五にして学に志す。三十にして立つ。四十にして惑わず。五十にして天命を知る。六十にして耳順う。七十にして心の欲するところに従えども矩をこえず。」という生き方は、学びによる生涯にわたる人間形成にほかならない。また「近代教育学の父」と称されるコメニウス（Comenius, J.A.）は、すべての人にすべてのことを徹底的に教えるという汎知主義の立場から、生涯にわたる年齢段階を分析し、各段階に応じた教育の構想を示している。しかしこれらの思想は、個人の人間形成に照準をあてた、いわゆる「古典的生涯教育論」であり、変化する現代社会との関係で論じられる、国の教育改革の理念としての「現代的生涯学習論」とは一線を画すものである。

　では、「現代的生涯学習論」とはどのようなもので、その思想を代表する人

物はだれなのだろうか。本章では、このような問いかけから現代的生涯学習論の系譜をひもといていきたい。

　生涯学習の思想の源流は20世紀初頭のイギリスにたどることができる。ジョン・フィールド（Field, J.）は、生涯学習の概念が第一次大戦終結後の知的高揚にまで遡ることができるとし、イギリス成人教育委員会の『1919年最終報告書』を紹介している。そこでは生涯にわたる教育という概念を用いて成人教育を社会に不可欠のものとしており、まさに生涯教育思想の原点といって過言ではない。

　　「成人教育はここかしこにいる少数の例外的な人々のための贅沢であるとか、成人早期の短い期間だけにかかわることであると考えてはならない。成人教育は永久の国民的必需品であり、市民権の不可分の一面であり、それゆえ普遍的かつ生涯にわたって行われるべきものである[(2)]。」

　また、同委員会の委員の一人でもあったYMCAのバジル・イークスリー（Yeaxlee, B.A.）は *Lifelong education* という著書の中で、「生涯にわたるプロセスとしての教育」の必要性が増大していることについて語っている[(3)]。彼の思想は先駆的なものであったが、年少世代の社会化が主な目的となっていた当時のイギリスの教育政策の周縁部に位置づけられてしまったため、あまり省みられることがなかった。生涯学習の思想が教育政策に影響を与えるようになるのは、半世紀ほど後のことである。

（b）**生涯学習の思想の三つの系譜**

　生涯にわたる教育の必要性が認識され始めるのは、1960～1970年代のことであり、それは、第二次世界大戦後の急激な産業化の波の中での社会の急速な変化にともなうものである。その先駆けとなった人物は、次節に登場するポール・ラングランに他ならないが、その後さまざまな思想が現れる。ここでは、それらの思想を大きく三つの系譜、すなわち人間らしさを追求する存在の領域としての学びの系譜、社会の変化に対応して経済の発展と知識や能力の獲得を重視する所有の領域としての学びの系譜、そして人間解放を追求する社会変革の学びの系譜に分けて論じていこう。

第2節　教養教育型の生涯学習

（a）ポール・ラングランの生涯教育論

1960年、カナダのモントリオールで開かれたユネスコの第2回国際成人教育会議は、より広い教育システムの中に成人教育を統合させることを確認して幕を閉じた。ユネスコはこの議論を引き継いで、1965年にパリで成人教育推進国際委員会（1965）の会議を開催するが、同会議において、ユネスコの成人教育部長であるポール・ラングラン（Lengrand, P.）が「"éducation permanente"（永続教育）について」と題するメモ（覚え書き）を提出し、次のように述べた。

> 「教育は、人間存在のあらゆる部門に行われるものであり、人格発展のあらゆる流れのあいだ－つまり人生－を通じて行われなくてはならない。こうして教育諸部門のあいだには活発にして、能動的な交流が行われるべきものである。」[4]

このラングランの提案を受け、同委員会は次のような勧告を行うに至る。

> 「ユネスコは『生涯教育（lifelong education）』の原則を支持する。（略）その原則とは、教育全体に生命を吹き込む原則であり、ひとの誕生から終末にいたるまで一生涯にわたって継続して行われるべきものであり、それゆえ統合的な組織を必要とするものである。その統合とは、一生涯にわたる垂直的な（縦の）統合であると同時に、個人の人生や社会のあらゆる場面を包み込む水平的な（横の）統合でなければならない。」[5]

このように、同委員会は、これまでの学校中心の教育観を問い直し、だれもが生涯にわたって教育を受けることのできる、統合的に組織化した教育の機会とそれを保障する教育システムの再構築を主張する。ここで重要なのは、「統合」という考え方である。実際、同委員会は原文のフランス語の"l'éducation permanente"という言葉を英語に置き換える際、当初は"lifelong integrated education"という言葉を用いたほどである。そして、この「統合」には、次のように、時間軸の垂直的統合と空間軸の水平的統合の二つの次元がある。

① 垂直的統合

垂直的統合とは、誕生から死に至るまでの人生の時間軸に沿った統合を意味

する。人びとが、人生のどの段階にあっても適切な教育や学習の機会を獲得できるように、教育制度や環境を整備することが求められる。すなわち、学習者のライフ・ステージにふさわしい学習の内容と方法を考案するとともに、各ライフ・ステージが、矛盾や断絶もなく連係することが必要である。

② 水平的統合

水平的統合とは、人びとが学び活動する空間軸に沿った統合を意味する。現代社会には、学校の他にも教育的機能をもつ場が多く存在する。その中には、学校や社会教育施設のような意図的な教育機会もあれば、家庭や地域社会のような無意図的な教育機会もあるだろう。それらの場における学びを別個のものとするのではなく、それぞれの教育機会を相互に調整し、連携させ、体系化していけば、その教育効果は相乗的に高まるに相違ない。そして、各教育機関やその他の施設・組織間の水平的統合を効果的に図るためには、学校教育や雇用の制度など、社会の仕組み全体を編成し直すことが求められるのである。

なお垂直的統合と水平的統合の関係を図に示すと、図1-1のようになる。

ところでラングランの提言の前提には、現代人に対する挑戦ともいえる社会のすさまじい変動の渦に対する危機意識があるが、彼はその変化に追いつくためにより多くの知識を獲得することよりも、個々人が生涯にわたってその可能性を達成することを重視した。すなわち彼は、加速度的に変化する社会の中で、知識の陳腐化を恐れてあくせくとするのではなく、自分らしさの獲得、自己実現こそを目的とするべきであるとしている。彼の生涯教育論は、それまでの学校中心の教育観からの脱却を目指す教育改革の理念として大きな転換点となり、その後、さまざまな生涯教育論、生涯学習論が展開されることとなる。

（b）ロバート・ハッチンスの学習社会論

ラングランの自己実現を重視する生涯教育論は、ロバート・ハッチンス（Hutchins, R.M.）にも引き継がれている。彼は30歳の若さでシカゴ大学総長になるが、その後 the Learning society（『学習社会』）を著し、その中で生涯教育を学習社会の中心的思想と位置づけている。なお彼によれば、「学習社会」とは「すべての成人男女に、いつでも定時制の成人教育を提供するだけでなく、学ぶこと、何かを成し遂げること、人間的になることを目的とし、あらゆる制度がその目的の実現を志向するように価値の転換に成功した社会」[6]である。

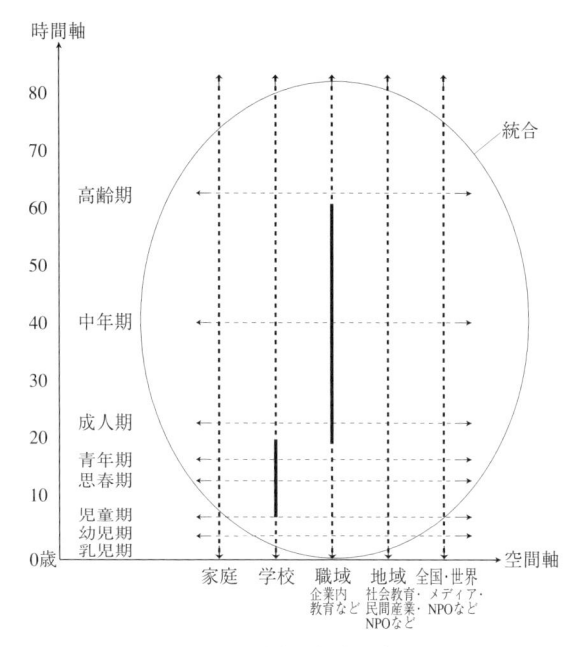

図1-1 生涯学習における垂直的統合と水平的統合のイメージ

　ハッチンスは古代アテナイ人は学習社会を実現したと述べる。そしてアテナイ人は奴隷の労働により自由な時間を獲得したが、未来社会は機械化により人は労働から解放され余暇社会を実現できるとする。彼は余暇社会を未来のユートピアとして理想化し、職業教育よりも人生の真の価値を追求する教養教育に重点を置き、職業訓練に関しては企業内で行えばよいという立場を取っている。

（c）エドガー・フォールとフォール報告書

　1972年、ユネスコの教育開発国際委員会は生涯学習に関する報告書 *Learning to be*（邦題『未来の学習』）を刊行する。これは、生涯教育がユネスコの中心的活動理念となったことを示している。この報告書は、委員長エドガー・フォール（Faure, E.）の名前を取って通称フォール報告書とよばれているが、その執筆陣にはラングランやハッチンスも名を連ねている。

　書名の "*Learning to be*" とは、人間であるための学習という意味で、"Learning to have" に対比させて、学習を通して完全な人間になるという意味が込められている。フォールは同報告書について、「委員会は二つの基本的な

考え、すなわち生涯教育と学習社会を強調した。」と述べているが、これがラングランとハッチンスの思想の延長線上にあることは明らかである。また報告書は、到達すべき目標として、科学的ヒューマニズム、創造性、社会的責任、完全なる人間の4点を提示している。1970年代、同報告書は世界に大きな影響を与え、学校教育に対し生涯教育の可能性を示唆した点で、教育観のコペルニクス的転換であるということができる。

（d）21世紀教育国際委員会の報告書『学習・秘められた宝』とジャック・ドロール

フォール報告書から20数年経った1996年、ユネスコの21世紀教育国際委員会は、報告書 Learning: the treasure within（『学習：秘められた宝』）を刊行する。これは、同委員会の委員長のジャック・ドロール（Delors, J.）の名前を取って、ドロール報告書ともよばれている。同報告書は、教育を社会が必要とするユートピアととらえ、次のように、教育の4本の柱として、「知ることを学ぶ（learning to know）」「為すことを学ぶ（learning to do）」「共に生きることを学ぶ（learning to live together）」「人間として生きることを学ぶ（learning to be）」という概念を提示した上で、生涯を通じて学ぶことこそが21世紀の扉を開く重要な鍵であると論じている。

「・知ることを学ぶ：十分に広範な知識と、いくつかの分野の専門的な探求とを組み合わせることで知識を獲得することによって。これは、生涯にわたる教育機会を享受することができるように、学び方を学ぶことでもある。

・為すことを学ぶ：職業的技能だけでなく、様々な状況に対応できるような能力と、集団で行動する能力を獲得することによって。そのためには、若者が様々な社会的・職業的経験を通して学ぶというインフォーマルな教育に加え、（学校教育といった）フォーマルな教育機会も活用する。

・共に生きることを学ぶ：他者を理解する能力を身につけ、共生を大事にすることによって。多文化主義、相互理解、平和といった価値観を尊重する精神で、共同のプロジェクトを立ち上げたり、紛争を収拾する能力を学習する。

・人間として生きることを学ぶ：人格の完成をめざし、主体的かつ責任ある行動を取ることができるように。そのためには、教育は、あらゆる人がもつ記憶力、判断力、美意識、体力、コミュニケーション能力などの可能性を過小評価してはならない。」[8]

なかでも特に3本目の柱の「共に生きることを学ぶ」は、それまでの報告書にはみられなかった新しい視点であり、異なる他者を尊重し、多様性・多文化性を重視するユネスコの姿勢がうかがえて、注目に値する。本報告書において、生涯学習の理念は、人類発展のための教育のあり方に拡大したといえよう。

第3節　継続職業訓練型の生涯学習

(a) リカレント教育論

ラングランが生涯教育の理念を提唱してから8年後の1973年、OECD（経済協力開発機構）のCERI（教育研究開発センター）は、*Recurrent education : a strategy for lifelong learning*（『リカレント教育－生涯学習のための戦略－』）と題する報告書を出し、新しい教育構想を世に示した。CERIによれば、リカレント教育（recurrent education）とは、生涯学習を実現するための戦略的方法論であり、その定義は次の通りである。

> 「リカレント教育は、すべての人に対する義務教育または基礎教育終了後の教育に関する総合的な戦略であり、その本質的特徴は、個人が生涯にわたって教育を交互に行うという仕方にある。つまり、教育を他の諸活動と交互に、特に労働と、しかしまた余暇及び隠退生活とも交互に行うことにある。」[9]

リカレント教育論が実現をめざす生涯学習とは、急激な社会変化に適応するための新たな知識・技能の獲得であり、その意味で"learning to have"の生涯学習論である。すなわち生涯のうちに教育、労働、余暇を繰り返すことで、教育を個人の生涯全般に環流させ、個人が科学の進展や社会の変化に対応したより高い教育を受けることを可能とすることを志向するのである。リカレント教育実現のためには、教育制度や社会制度の改革、雇用形態や労働条件の改善、さらには高等教育そのものの改革などが必要となる。

具体的には、有給教育休暇制度の充実や、入試制度の改革、さらには学習成果が労働条件の改善に直接反映されるようなシステムづくりが急務となる。リカレント教育論が教育政策に反映された例は、1970年代から1980年代にかけてのスウェーデンにみることができる。

(b) **Lifelong learning for all**（万人のための生涯学習）から **Investing in competency for all**（万人のための能力への投資）へ

1996年、OECD教育担当大臣会議は『万人のための生涯学習』という報告書を刊行した。そこには、「生涯学習をすべての者にとって現実のものとする」というテーマのもと、1996年1月に開催された加盟25カ国（当時）の教育担当大臣会議の声明などが収録されているが、そこでは、OECD加盟国を始め世界が直面する五つの現代的課題として、

①情報技術の影響力の増大
②グローバル化の進展
③貿易の自由化
④高齢化
⑤文化的・民族的多様化

を上げ、生涯学習が「個人の生活を豊かにし、経済成長を促進し、社会的結束を維持する」と指摘している。

この声明を受け、2001年、OECD各国の教育担当大臣は、今後5年間のOECDによる教育事業の指針として、「万人のための能力への投資」というテーマを承認した。これは、「すべての市民が他の学習の基盤となる基礎的能力と知識社会への完全な参加に必要とされる高度の知的・社会的能力を持てるようにするという目標を反映したもの」である。すなわち、今日の知識基盤社会において、教育政策は「就学以前から初等・中等・高等教育を経て成人学習に至る、学習の全範囲を包含するようになって」いるとの認識のもと、生涯学習の強固な基礎となる学校レベルの教育政策の改善にも力を入れている。すなわちここでは、生涯学習の目標は、「知識、技能、技術、価値観」といったすべてを包含する能力（competency）を獲得することにあり、将来のための投資に他ならない。OECDは、このような生涯学習の理念のもと、これまで以上に教育を重視する方針を打ち出し、翌2002年には教育局を新設している。

第4節　社会変革型の生涯学習

(a) エットーレ・ジェルピの生涯教育論

　ジェルピ（Gelpi, E.）は、第3節に登場したポール・ラングランに代わり、1972年にユネスコの成人教育部長となった人物である。彼の生涯教育の思想は、地球規模の社会的・政治的課題である不平等や支配従属の関係をあぶり出す。「生涯教育は政治的に中立ではない」というテーゼが示すとおり、彼の生涯教育論は、それまでの西欧の先進国中心の思想に対し、グローバル化した経済システムの中で周縁部に追いやられた第三世界の人びと、疎外された産業労働者、移民労働者とその家族、文化と言語における少数民族、女性など、社会の中で不利益をこうむっている人びととの要求に応えるものである。彼によれば、生涯教育にとって重要なのは、抑圧された人びとが自主性・自己決定権（autonomy）を取り戻す過程、すなわち"self-directed learning"（自己決定学習）にほかならない。彼の教育的関心は主に、

①労働者教育
②移民とその子どもたちの識字教育
③産業社会における高齢者の生涯教育

の3点に向けられている。なお次の言葉は、1979年の著書、*A future for lifelong education* からの引用であるが、ここに彼の人間解放の生涯教育論のエッセンスがある。

> 「すべての人、あらゆる年代の人びとへの教育。しかし何を目的とし、どのような方法で行うのか。『生涯教育』はともすれば既成の秩序の強化、生産性の向上、服従につながりかねない。しかし別の道を選べば、それは、労働や余暇、社会生活や情緒的生活の中で人びとを抑圧しているものに対する闘争に大きく寄与することができるのである。」

　ジェルピの生涯教育論は、生涯教育が、その処し方によっては、格差や不平等の再生産にも、抑圧的状況からの解放にも、どちらの方向にも傾く可能性をもつ諸刃の剣であるというメッセージを、私たちに投げかけている。

（b）ユネスコの学習権宣言

　ジェルピの主張は、1985年のユネスコ第4回国際成人教育会議（パリ、1985）で採択された「学習権宣言」に引き継がれる。この宣言は、学習の権利はあらゆる人びとに保障される基本的人権であり、それは単なる経済発展のためではなく、人類の生存のために不可欠な手段であると、次のように高らかに謳い上げる。

　「学習権を承認するか否かは、人類にとって、これまでにもまして重要な課題となっている。
　　学習権とは、
　　　読み書きの権利であり、
　　　問い続け、深く考える権利であり、
　　　想像し、創造する権利であり、
　　　自分自身の世界を読みとり、歴史をつづる権利であり、
　　　あらゆる教育の手だてを得る権利であり、
　　　個人的・集団的力量を発達させる権利である。
　成人教育パリ会議は、この権利の重要性を再確認する。学習権は未来のためにとっておかれる文化的ぜいたく品ではない。それは、生存の欲求が満たされたあとに行使されるようなものではない。学習権は、人間の生存にとって不可欠な手段である[14]。（略）」

　特に、「学習権は未来のためにとっておかれる文化的ぜいたく品ではない」というくだりは、第1節で触れたイギリスの『1919年最終報告書』を彷彿とさせ、生涯学習論の種がここに結実したことを、私たちに示してくれる。

（c）パウロ・フレイレの「解放の教育」

　第二次世界大戦後の20数年間をブラジルやチリの成人識字教育実践に関わってきたフレイレ（Freire, P.）は、その活動の拠点をアメリカに移し、実践に裏付けられた識字教育論を展開してきた。彼の *Pedagogy of the oppressed*（邦題『被抑圧者の教育学』）は、アフリカ、アジア、ラテン・アメリカ諸国（AALA諸国）において最も読まれている本の1冊である。今日もなお植民地主義の後遺症が残り、民主化の遅れ、人権の抑圧、貧富の格差などの矛盾を多く抱える

AALA 諸国において、非識字を克服することは、単に文字の読み書きができるようになることだけではなく、人間性を回復し抑圧された状況から解放されることを意味する。

　フレイレの教育思想の核心は、人間解放のテーゼがすなわち教育のテーゼであるということにある。そして彼はその最も重要な概念は、意識化（ポルトガル語で"conscientização"）であるという。それは、抑圧され非人間化され、「沈黙の文化」の中に埋没させられている民衆が、「調整者」（単なる教師ではなく、民衆の苦悩と希望を共有する革新的人物）の協力をえて、対話や集団討論、すなわち学習によって自らと他者、あるいは現実世界との関係を変革し人間化しようとする自己解放と同時に相互解放の実践の過程である。

　このようなフレイレの思想は、前述のジェルピの生涯教育論と通底するところがある。どちらも、第三世界の革命理論へとつながるラディカルな思想であるといえよう。

第5節　日本における生涯学習論の受容と展開

(a) その経緯

　ユネスコが成人教育推進国際委員会におけるラングランの提言を受け生涯教育に関する勧告を出したことは、同委員会への日本側参加者である波多野完治によって紹介される。波多野は、ラングランのメモを翻訳し、1967年に『生涯教育について』という小冊子を刊行する。さらに1971年には、ラングランの Introduction a l'éducation permanente を翻訳し、『生涯教育入門』として刊行する。

　当時、生涯教育の考え方は、教育関係者のみならず、経済界、産業界にも大きなインパクトを与えた。特に産業界は、高度経済成長を支える優秀な人材を必要としており、ラングランの生涯教育論は、「職場内の再教育」のためのアイディアとして、渡りに舟だったのである。

　1972年には日本経済調査協議会が、『新しい産業社会における人間形成－長期的観点からみた教育のありかた－』の中で、産業社会に発展しつつある日本における人間形成のあり方としての生涯学習の条件整備の必要性について論じている。また同じころ、経済企画庁や通産省も、ラングランの生涯教育論に強

い関心を抱き、研究会などを開催している。こうして日本に紹介されたラングランの思想は、急激な社会の変化に対処するための社会適応型の生涯教育論へと一部形を変えていったのである。

　経済界・産業界の動きに遅れを取りながらも、文部行政も教育改革の理念としての生涯教育の思想に注目するようになる。1971年には社会教育審議会が「急激な社会構造の変化に対処する社会教育のあり方について（答申）」を提出し、生涯教育の観点に立って、学校教育を含めた教育の全体計画を立案し、社会教育を再構成する必要があることを確認している。

　続いて1981年には、「生涯教育について」（中教審答申）を提出し、その前文において、

> 「基本的な方針として、一つには、人間の乳幼児期から高齢期に至る生涯のすべての発達段階に即して、人びとの各時期における望ましい自己形成を可能にする方途を考察し、また、一つには、教育機能の領域・形態の面から、家庭のもつ教育機能をはじめ、学校教育、社会教育、企業内教育、さらには民間の行う各種の教育・文化事業などにわたって、社会に幅広く存在する諸教育機能を生涯教育の推進の観点から総合的に考察した」

とし、ラングランの「垂直的統合と水平的統合」の考え方を如実に示している。また、同答申は、次のように「生涯教育」と「生涯学習」の違いを明記している。

> 「今日、変化の激しい社会にあって、人々は、自己の充実・啓発や生活の向上のため、適切かつ豊かな学習の機会を求めている。これらの学習は、各人が自発的意志に基づいて行うことを基本とするものであり、必要に応じ、自己に適した手段・方法は、これを自ら選んで、生涯を通じて行うものである。この意味では、これを生涯学習と呼ぶのがふさわしい。
>
> この生涯学習のために、自ら学習する意欲と能力を養い、社会の様々な教育機能を相互の関連性を考慮しつつ総合的に整備・充実しようとするのが生涯教育の考え方である。言い換えれば、生涯教育とは、国民の一人一人が充実した人生を送ることをめざして生涯にわたって行う学習を助けるために、教育制度全体がその上に打ち立てられるべき基本的な理念である。[17]」

その後、臨時教育審議会（1985～1987）が4回にわたって「教育改革に関する答申」を提出し、「学校教育中心の考え方を改め、生涯学習体系への移行を主軸とする教育体系の総合的再編成を図っていかなければならない」と述べ、国の基本方針としての生涯学習支援の体系が提案される。

　これを契機に日本では、「生涯教育」より「生涯学習」という用語が多く用いられることとなる。日本のこのような動向は、当時の欧米の教育政策が"learning to have"の視点から投資としての生涯教育に主眼を置いていたことと対照的で、日本はなぜ「生涯学習」という概念を用いているのか、と欧米の教育関係者から強い関心をもたれたほどである。

　こうして1990年には、「生涯学習の振興のための施策の推進体制等の整備に関する法律」（以下、生涯学習振興法と略す）が公布・施行（主管官庁は当時の文部省と通産省）となった。しかし、同法では生涯学習の定義がされておらず、その法的位置づけが待たれたのである。そして2006年に改正された教育基本法において、ようやく「生涯学習の理念」として次のような定義が示される。

　「（生涯学習の理念）
　　第3条　国民一人一人が、自己の人格を磨き、豊かな人生を送ることができるよう、その生涯にわたって、あらゆる機会に、あらゆる場所において学習することができ、その成果を適切に生かすことのできる社会の実現が図られなければならない。[18]」

（b）日本の生涯学習論の特徴

　最後に、日本の生涯学習論の特徴を、これまでみてきた三つの思想の系譜と関連づけて論じておこう。

　①　文部行政における「生涯学習論」（自己実現からまちづくりへ）

　文部行政においては、長く、ラングランの生涯教育論に代表される教養教育型の学びの追究を行ってきた。それは、教育基本法の第3条の定義にある「自己の人格を磨き、豊かな人生を送ること」にも端的に表れている。特に、1980年代から1990年にかけての生涯学習体系への移行の時期は、個人の自発性と自己実現を重視し、住民の関心を喚び生涯学習を普及させるために、「生涯楽

習」とか「生きがい学習」という造語まで生まれた。

　しかし、1990年代になると、「個人のお楽しみ学習でよいのか」という問いかけがされるようになる。生涯学習行政の公共性が問われるようになったわけである。すなわち、現代的課題解決のために学び、その学習成果を社会で適切に生かすという視点が強調されることとなる。こうして、生涯学習のテーマが「生きがいづくり」から「まちづくり」へと大きく転換してきたのが、今日の状況である。

　また、教育体系全体の見直しという現代的生涯教育論の基本と関連して、学校教育と社会教育の協働のあり方を問い続けてきたことも、特徴として上げることができる。2008年には社会教育法の一部が改正され、社会教育と学校教育の連携・協力体制の強化が図られるようになった。

② 一般行政における「生涯学習論」

　OECDによるリカレント教育論の提唱以来、通産省（現、経済産業省）はOECDと共同のセミナーを開催するなど、一貫して、職業教育訓練に重点を置いた生涯学習政策の実現に努力してきた。また労働省（現、厚生労働省）は、失業問題解決のための職業訓練は文部行政よりも労働行政で、というスタンスのもと、職業教育訓練としての生涯学習施策を進めている。さらに近年では、まちづくりの視点から、総務省が広く生涯学習施策に関わっている。いずれも、生活課題の解決という目標に向けての施策の展開と捉えることができる。

　このように、日本の生涯学習論と三つの系譜を照らし合わせると、第三の系譜である社会変革型の生涯学習論が欠如していることがはっきりとしてくる。今日、国の内外において、経済や産業の発展にともなうひずみが顕在化してきている。グローバルな視点から、社会に対する批判的な目を養う変革志向の生涯学習論への理解が、今後の日本の生涯学習論にとって重要な論点となろう。

【引用・参考文献】
（1）内閣府大臣官房政府広報室『生涯学習に関する世論調査』
　　（http://www8.cao.go.jp/survey/h20/h20-gakusyu/indes.html　2008/9/30）
（2）フィールド, J.(矢野裕俊他訳)『生涯学習と新しい教育体制』学文社、2004、p.25。

（3） Yeaxlee, B. A. *Lifelong Education, London*, Cassell, 1929.
（4） 田中雅文他編『テキスト生涯学習―学びがつむぐ新しい社会―』学文社、2008、p.6
（5） Jessup, F.W. ed., *Lifelong Learning : a symposium on continuing education*, Oxford, Pergamon Press, 1969, p.vii.
（6） Hutchins, R.M., *The Learning Society*, New York, F.A. Prager, 1968.
（7） http://www.infed.org/lifelonglearning/b-life.htm 2008/9/30
（8） UNESCO, Learning : the treasure within
　　（http://unesco.org/images/0010/001095/109590eo.pdf 2008/9/30）
（9） OECD編（森隆夫訳）『生涯教育政策―リカレント教育・代償教育政策―』ぎょうせい、1974。
（10） OECD, *Lifelong learning for all*, Paris, 1996.
（11） OECD, *Investing in Competencies for All Communique*（http://www.oecd.org 2008/9/30）
（12） self-directed learning の訳には、「自己決定学習」「自己主導的学習」などがあるが、ここでは学習者の autonomy の視点から、「自己決定学習」とした。
（13） Gelpi, E., *A future for lifelong education*, Manchester, University of Manchester, 1979.
（14） 堀尾輝久・河内徳子編『平和・人権・環境　教育国際資料集』青木書店、1998、p.256。
（15） フレイレ , P.（小沢有作他訳）『被抑圧者の教育学』亜紀書房、1979、p.255。
（16） 同上書、p.1。
（17） 中央教育審議会「生涯教育について」、1981。
（18） 教育基本法（2006年12月22日　法律第120号）

第2章　生涯学習社会を生きる力

第1節　近代における「子どもの発見」とペダゴジー

(a)「小さな大人」としての子ども

　アナール派を代表するアリエス（Aries, P.）は、アンシャンレジーム期の民衆史を微細に検討し、そこでは、今日われわれが通念として共有している「子ども期」という概念は存在しなかったという事実を明らかにした。

　たとえば、福音書の中の一場面を11世紀の細密画では中世芸術を例に彼が指摘するには、イエスが人びとに彼らの子どもたちを来させるように求めた福音書の一場面をモチーフにしているにもかかわらず、その細密画では、イエスの周囲には、8人の正真正銘の大人が集っているようにしかみえない。背丈が低いという一点を除けば、8人は、なんら子どもらしい特徴をそなえてはいないからである。こうした傾向は、13世紀になっても忠実に踏襲されている。ヤコブの生涯を扱った細密画に、イサクが2人の妻と15人の子どもたちに囲まれているところを描いたものがある。たとえ大人に近い背丈をもって描かれていようとも、主題に照らせば、15人は、あくまで子どもなのである。さらに、ルイ聖王の詩編集にいたっては、生まれたばかりのイスマエルが、成人の男性の腹筋と胸筋をそなえた姿で画かれているから驚かされる。

　ほぼ17世紀までの中世芸術では、子どもは、背丈の低い大人として描かれるのが常態であった。子どもは、「小さな大人」としかみなされていなかった。こうした事実を踏まえて、アリエスは次のように指摘する。

　　「このことは疑いなく10世紀・11世紀の人びとが子供期のイメージを持つには至っていなかったことを意味している。子供期は彼らの関心をひくものではな

く、またなんら現実と対応するものでもなかったのである。そしてまたこのことは、子供期がすぐに過ぎ去り、また速やかにその思い出を失っていく移行の時期として、たんに美術上の変遷の域においてのみならず、実際に行われていた習俗のなかでさえも、考えられていたと思わせるのである。」

(b)「子どもの発見」と「教育の誕生」

　後代の知識人に大きな影響を与えたフランスの思想家にモンテーニュ（Montaigne, M.de）がいる。伝えられるところによると、彼は、自分の子どもの数も、自分の妻が何回子どもを産んだかも正確に言うことができなかった。16世紀を通して、子どもは、いかにとるに足らぬ存在であったかがうかがい知れる。

　その意味において、子どもの発見にルソー（Rousseau, J.J.）が果たした役割は大きかった。それまでは「大人のミニチュア」にすぎなかった存在に、彼は、固有の意味をみとめたからである。彼は、子どものなかに、大人とは異なる自然性や内発性を見出していた。プリミティブで無垢な存在に、彼は神性を看取していた。したがって、彼がものした教育論『エミール』には、子どもへの尽きることない賛美と愛情が満ちあふれている(3)。

　アリエスの言葉をふたたび借りると、「もはや、子ども時代は、一刻も早く通り過ぎ、一刻も早く忘れ去られるべき通過点ではなくなった(4)」。しかも、時代が進むにつれ、子どもはますますその重要性を増していく。その動向を、彼は、「17世紀には無視され、18世紀に発見された子どもは、19世紀には専制君主となっていく(5)」と表現した。子どもが、それだけで公衆をなすようになると、人びとは、子どものために書物を発行し、子どものための教育に腐心するようになる。子どもの発見は、子ども期の重要性に気づかせ、人びとの関心を教育へと向かわせた。その意味において、「子どもの発見」なしには、「教育の誕生」はあり得なかったし、学校教育の成立と発展ももたらされなかったはずだ。「子どもの発見」が教育史におけるエポックと目されるゆえんである。

(c) ペダゴジーの限界

　歴史的な所産は、すべからく特定の時代状況のもとで生み出されたものであってみれば、その意義とか有効性は、いやがうえにも時代によって規定され

る。「子どもの発見」を契機にして進展をみてきた教育学とて、例外ではない。たしかに、子ども期における教育の重要性を提起した意味ははかりしれないものがあった。そのことは十分に認めつつも、しかし同時に、それが胚胎した問題、具体的には、教育という営為を子ども期に局限しかねないという論理上の限界を看過するわけにはいかない。とりわけ、生涯学習の観点に立ち、揺りかごから墓場まで、つまり人の一生を射程におさめて教育・学習活動を構想しようとするとき、それは、致命的な欠陥を露呈する。

「教育の誕生」の経緯からして、近代以降の教育学は、つねに子どものための準備教育を念頭におき、いかにしたらその効果をあげうるかということを課題にしてきた。教育学に、ギリシャ語の「子ども（paid-）」と「指導（agogos）」に由来するペダゴジー（pedagogy）というタームを与えてきたのは、そうした理由による。それだけに、いまや、ペダゴジーの知見が、果たして大人にどこまで汎用性をもつのか問い直してみる必要がある。もしも子どもと大人の形質が共通するのならば、たとえ子どものために開発された教育学であっても、そのまま大人に転用することができるだろう。

ところが、現実には、子どもに子どもらしさがあるように、大人には大人らしさがある。両者の形質が同じであるとは考えにくい。にもかかわらず、大人を子ども期の単なる延長とみなして、ペダゴジーを大人に援用して事足れりとするなら、われわれは、「子どもの発見」以前の時代に子どもを「大人のミニチュア」とみなしたのに匹敵する重大な過ちを犯すことになるだろう。成人には、子どもとは本質的に異なる発達特性がある以上、それに見合った教育学の開発が新たに要請されてくる。1970年代のアメリカにおけるアンドラゴジーの開発が、それである。

第2節　アンドラゴジーの開発

（a）子どもと成人にみる発達特性の相違

ここでいうところのアンドラゴジー（andragogy）とは、「子ども（paid-）」の「指導（agogos）」を含意するペダゴジー（pedagogy）の対概念として、ギリシャ語の「成人（andr-）」と「指導（agogos）」とをつなぎ合わせて創り出された造語である。

旧くはカップ（Kapp, A.）、20世紀に入るとローゼンストック・ヘシィ（Rosenstock-Huessy, E.）、ハンゼルマン（Hanselmann, H.）、ペゲラー（Peggeler, F.）など、主にヨーロッパの研究者が、アンドラゴジーの提唱者として知られる。しかし、アンドラゴジーを「成人の学習を支援する技術と科学（the art and science of helping adults learn）」として体系化し、さらにはそれを実践に向けて具体化を試みたという点で、アメリカの成人教育学者ノールズ（Knowles, M.S.）の功績は一頭地を抜いている[6]。

　ノールズによれば、アンドラゴジーは、成人期における発達特性を理論的基盤においている。成人期の発達特性のなかでも、当人の「自己概念」はとりわけ重要である。すなわち成人の自己概念は、自己主導的（self-directed）な人格として自己を同一視しているところに著しい特徴がある。いいかえるなら、成人は、自分の人生を主体的に切り拓き、自らの責任で意志決定し、みずからの意志に従って行動する人格として自己を認識している。そればかりか、他者からもそのように認知されることを希求する存在が、成人というわけである。

　さらに、表中の「学習へのレディネス」と「学習へのオリエンテーション」は、成人にとって学習がいかなる意味をもつかを再認識させてくれる。子どものための学校教育と対比させるとわかりやすい。学校教育の場合、準備教育という使命からして、そこでの教育内容は、子どもにとって、後の人生で役立つであろうことを予見して編成された教科で構成されている。そうした教育内容は、文部科学省であったり、教育委員会、あるいは教師が精選したものであるから、子どもたち自身が興味や関心をもっているとはかぎらない。

　しかも、学校での学習活動と、学んだことがらを実際に応用する場面との間には、一般にかなりの「時差」が存在する。だから、しばしばアメとムチ（賞罰）でもって動機づけが行われる。それにひきかえ、成人の場合、学習活動は現実生活の中で生起する問題や課題の解決を出発点としている。それだけに、彼らは、学習に対して強く動機づけられているし、学習の成果にしても、即刻日常生活に還元したり、応用することを期待している。

（ｂ）ペダゴジーモデルとアンドラゴジーモデル

　子どもと成人の発達特性からそれぞれ敷衍されるところの教育・学習活動の様態を示したものが、表2-1の下半部である。それは、同じ表の上半部と対応

表 2-1 ペダゴジーモデルとアンドラゴジーモデルの比較

子どもと成人の発達特性

発達特性の諸相	子ども	成 人
学習者としての概念	依存的	自己主導的
学習における経験の役割	あまり価値はない	学習資源として重要
学習へのレディネス	生物学的発達や社会的圧力	社会的役割や生活上の課題
学習へのオリエンテーション	教科中心	生活上の課題や問題中心
動機づけ	外発的（賞罰）	内発的、好奇心

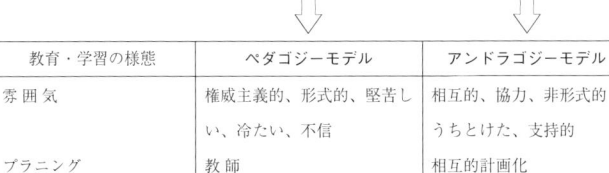

⇩　　　　　　　　⇩

教育・学習の様態	ペダゴジーモデル	アンドラゴジーモデル
雰囲気	権威主義的、形式的、堅苦しい、冷たい、不信	相互的、協力、非形式的　うちとけた、支持的
プランニング	教師	相互的計画化
ニーズの診断	教師	相互的診断
目標の設定	教師	相互の話し合い
デザイン	教科内容単元の論理	レディネスや問題単元の系統性
活動	伝達技術の重視	経験主義的技術の重視
評価	教師：標準値にもとづく相対評価	相互的診断、学習ニーズの再診断
特徴	**教師主導的学習** (teacher-directed learning)	**自己主導的学習** (self-directed learning)

（注）この表は、Knowles, M.S., *Modern Practice of Adult Education : Andragogy versus Pedagogy*, Association Press, 1970. に論述された内容に若干の修正を加えて作成した。

しており、ペダゴジーモデルは子どもの発達特性の、またアンドラゴジーモデルは成人の発達特性の論理的帰結であることを示している。

　ペダゴジーモデルから説明すると、前節でみたように、子どもは未熟で、依存的である。そうした発達特性に鑑みて、何を、どのような方法や形態で会得させるかを決定したり、また実践を展開するにあたっては、大人に大きな期待がかけられる。学校教育に引きつけていえば、何よりも教師の役割が重要である。したがってペダゴジーモデルでは、表に示すように、「プランニング」から、「ニーズの診断」「目標の設定」「デザイン」から「評価」に至るまで、一貫して教師が主導的な役割を担うことになる。学校教育は伝統的にこうした原理に依拠してきたから、われわれにとって、ペダゴジーモデルは馴染み深い。

他方、成人の発達特性を子どものそれと比較すると、先述したように、さまざまな点で相違がみられた。アンドラゴジーモデルを構想するにあたって、ノールズがとりわけ重視したのが自己主導性である。それを学習場面にあてはめると、自発的意志にもとづいて学習を発意し、主体的に学習を計画、実施し、そして成果についても自らの責任において評価を行う、ペダゴジーモデルとはまったく性格を異にした学習行動が立ち現れてくる。

　このようにいうと、アンドラゴジーが志向する自己主導的学習をいわゆる「独学」と混同してしまいがちだが、そうではない。いまいちど表に立ち返って学習の様態をみると、アンドラゴジーモデルの場合、「プラニング」「ニーズの診断」「目標の設定」「評価」のいずれについても、それを行うにあたっては「相互的」と記載されている点に注目する必要がある。ここでいう「相互的」とは、学習者と支援者による協働を意味している。たしかに独学は、当人の自発性や主体性にもとづく学習ではあっても、その一方では、思いつきや気まぐれ、あるいは独りよがりに流れるなど、致命的な欠点を内包していることは周知の通りである。そのため、アンドラゴジーモデルでは、あくまで学習者の自己主導性を尊重しつつ、学習者にとって有意味な学習が展開されるよう、学習の各場面で支援を提供しようというわけである。

第3節　アンドラゴジーの展開

　「成人の学習を支援する技術と科学」と銘打って登場したアンドラゴジーのその後の展開を、ここでは、実践と、もう一つには理論の精緻化という二つの側面から考察してみよう。

（a）アンドラゴジーモデルの具体化

　学習活動の計画－実施－評価の全過程において教師が主導的な役割を負うのがペダゴジーモデルとすれば、成人性（adulthood）の顕著な特質、自己主導性に注目したところから教育・学習の様態を着想したのがアンドラゴジーモデルであった。したがってノールズの指導のもとに展開された「契約学習（contract learning）」こそは、アンドラゴジーの論理的帰結であり、アンドラゴジーを具現化した究極的な実践といってもよい。[7]

　ノールズは、大学で開講するゼミのテーマに「自己主導的学習」を掲げてい

た。いうまでもなく、そのゼミを受講する学生たちは、いずれもそのテーマになにがしかの関心をもっている。ここまでは、どこの大学でも目にするありふれた光景である。しかし、このゼミで繰り広げられることになる授業がいかに新奇なものであったかは、ノールズがそこで企図した自己主導的学習を「契約学習」と命名していたことから推し量られる。

　普通、「契約」とは、二者以上の合意に基づく取り決めや約束のことをいうが、「契約学習」でいうところの「契約」とは、学習者が、これから行おうとする学習について、他者ではなく、自分自身との間で取り決めを結ぶ点に特徴がある。取り決めの内容は、自分が意図する達成目標や達成水準、それを達成するに必要な教材や学習方法、さらには所期のねらいが達成できたかどうかを測るための評価法などについて、自分と契約を交わすわけである。したがって、それらの契約内容の詳細を記載した、いわゆる学習計画は「学習契約（learning contract）」とよばれる。

　ゼミの受講生の一人が作成した学習契約書の一部を紹介すると、次のようである。彼は、ペダゴジーとアンドラゴジーの双方の理論と実際について理解することを学習目標の筆頭に挙げている。それを達成するために、ノールズが準備した学習課題や教材を活用する。さらに、フール（Houle, C.O.）やタフ（Tough, A.）など、代表的な研究者の著作も参考文献としてリストアップされている。[8]

　契約書の右半分には、所期の意図が達成できたかどうかを調べる手だてが記されている。しかし、自己評価は、ともすれば独善的なものとなりやすい。それを防止するには、他者による評価を併用するのが有効である。そこから、彼は、自己評価の信憑性を再確認するための方法として、他者評価も積極的に顧慮しようとしていることが理解されよう。

　契約学習を個人学習と混同する向きがあるようだが、それは誤解である。ゼミでは、めいめいがオーダーメイドの学習計画に基づいて学習を展開するが、受講生同士、また教師も交えて、学習の進捗状況を語り合い、その学習成果を論じ合う。学ぶ目的も、到達目標も、そこにいたる方法や形態も、もとより個々の受講生によって異なる。そうした前提に立てば、学習の個別化（individualization）は、一人ひとりのニーズを十全に充足するためのストラテ

表 2-2 自己主導的学習の具体化

氏名：John Doe		テーマ：自己主導的学習	
学習目標	教材・方法	達成の証明（自己評価）	達成の証明（他者評価）
1. 伝統的な学習と自己主導的学習に関する理論と実際について理解する。	学習課題1、2、3、およびブラウン、イーブル、フール、タフらの著作を読む。教材Aを使う。	両者の定義、理論、仮説、そして必要なスキルについて文書または口頭で提示する。	高校生、大学生、教師、友人に説明し、それを明確さ、理解度、有用性の観点から5段階評価してもらう。
2. 自己主導的人間たる自己概念を強化する。	教材Dを使う。学習課題4を読む。	満足のいく学習契約書を作成する。	そこに開示された自己主導性について、仲間二人と教師に評価してもらう。
3. 仲間と協働する際に必要なスキルを習得する。	教材EとFを使う。	複数人と協働するという課題のもとに、援助者、被援助者として活動する。	援助者としての有能さや、フィードバックに対して、被援助者としてどれだけ無私な態度で臨めるかを仲間に評価してもらう。

出典：Knowles, M.S., *Self-directed Learning : A Guide for Learners and Teachers*, The Adult Education Company, 1975, pp.62-63. に掲載された学習契約の一部を抜粋している。

ジーであり、契約学習は、自己主導的学習を実践するために案出された最善のスキームであることが理解されよう。

（b）**アンドラゴジーの再構成**

　成人教育が依拠すべき理論として受容されていく一方、アンドラゴジーに対して、いくつかの疑義が呈されるようになる。アンドラゴジーのいうところにしたがえば、成人は、本来自己主導的学習者であるはずにもかかわらず、なぜ学習しない者がいるのか、あるいはなぜ学習を忌避する者がすくなくないのか、と疑問を投げかけた。実際、スミス（Smith, R.M.）は、成人の学習行動分析から、成人学習者の多くが、学習活動への参加時に、すくなからず不安やアンビバレンスを経験すると報告している[9]。

　伝統的な学習プログラムの場合ですら、こうであるから、参加者に主体的な活動が強く求められるプログラムとなれば、ある種の強迫観念に襲われることさえ想像に難くない。こうした事実は、アンドラゴジーから敷衍されるところ

の、成人に特有な学習行動とは明らかに乖離する。アンドラゴジーが批判をさそった一つの原因は、この点にある。

　もう一つの原因は、ノールズが自著の初版で、子どもと成人を対比させ、それらの発達特性の違いから、アンドラゴジーモデルを導き出そうとした方法論に関連している。元来、二分法（dichotomy）は、単純にして明快であるが、そのぶん手続きは粗雑になりがちで、どうしても精緻さを欠く。そのため、子どもと成人とは、一体何歳でもって区分されるのかといった根本的な疑問が提示されることになる。しかも、この疑問は、人生の時期区分をめぐる問題にとどまらず、批判の矛先は、アンドラゴジーを導き出したその立論の仕方へと向けられていく。ここから、子どもと成人の発達特性から、それらに合致した教育・学習の様態を〈こども＝ペダゴジー〉〈成人＝アンドラゴジー〉とスタティックに定式化してしまったことがあらためて問題になる。

　こうした批判に対するノールズの回答が、改訂版の出版と考えてよい[10]。したがって初版本と対照させてみれば、10年間の思考の軌跡をうかがい知ることができる。とりわけ注目すべきは、初版本の副題「ペダゴジー対アンドラゴジー（Andragogy versus Pedagogy）」が、改訂版では「ペダゴジーからアンドラゴジーへ（From Pedagogy to Andragogy）」と書き改められている点である。改題の意図を忖度するに、それは、とりもなおさずノールズにおけるアンドラゴジー論の進化を意味する。すなわち初版本において、彼は、人間を子どもと成人に大別したうえで、それぞれにペダゴジーモデルおよびアンドラゴジーモデルをあてがっているにすぎない。

　しかし、そうした固定的な捉え方は、改訂版では、動態的な捉え方へと大きく変貌をみている。そこには、子どもから成人へ向かう人間の成長過程に対応させながら、教育・学習の様態を構想し直そうとした、アプローチそのものの変化を読みとることができるのである。それを解釈してみると、およそ図2-1のようになる。

　図の横軸は、子どもから、青年期を経て成人へと成長していく過程を表している。成長にともなう教育・学習の様態変化を考察するには、人生の各期ごとに垂直線を引いて、その線分に占める教師主導的学習と自己主導的学習の比率を調べてみるとよい。たとえば、図中の（a）の場合、垂直線を引いてみると、

```
                    アンドラゴジーモデル
                    自己主導的学習
    ペダゴジーモデル
    教師主導的学習

   (a)        (b)         (c)
   児童期      青年期       成人期
   低 ──────→ 自己主導性 ──────→ 高
```

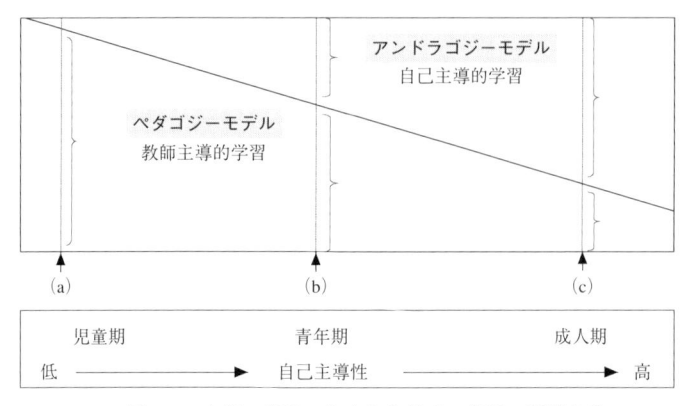

図 2-1 人間の発達にともなう教育・学習の様態変化

教師主導的学習の占める比率がきわめて高い。そうした傾向は成長とともに徐々に変化して、青年期（b）には、教師主導的学習と自己主導的学習が並存するようになる。そして（c）になると、自己主導的学習を基調とする成人期に特有な学習の様態が顕現する。

　ここには、子どもから成人へと成長するにともなって、教育・学習の様態は、ペダゴジーモデルからアンドラゴジーモデルへと漸次変化していく様子が明示されている。ただし、(c) に示すように、成人だからといって、学習の様態が自己主導的学習一辺倒になるわけではない。当該分野に初めて取り組もうとする場合など、状況次第ではペダゴジーモデルの方が学習効果は高いといわれるからである。逆に、子どもといえども、一定の条件が調いさえすれば自己主導的学習を試みることは可能である。ここまでくると、子どもとペダゴジーモデル、成人とアンドラゴジーモデルという取り合わせがあたかも所与のものであるかのごとく論じた初版本のぎこちなさは、すっかり払拭されることになる。

　だが、それでもなお、かならずしもすべての成人が自己主導的学習者ではないという現実から浴びせられた初期の批判に対しては、十分に応えたことにはならない。その意味では、自己主導性はあくまで「理念型としての成人」の特性であると主張した点が重要である。自己主導性は、生物的な意味での成人に先験的に備わっている特性ではないと言明する。したがって、生物学的に成人になるからといって、自生的に自己主導的学習者になれるわけではないのであ

る。むしろ自己主導性やその発露としての自己主導的学習は、「理念型としての成人」に接近するための発達課題と考えたほうがわかりやすい。

第4節　生涯学習社会を実現するための課題

(a) 学習参加をめぐる支援

　教育・学習の様態は、成長とともにペダゴジーモデルからアンドラゴジーモデルへと変化していく。もっと正確を期していうなら、そうあるべきことは、すでに述べた通りである。

　生涯学習社会を実現するには、ペダゴジーモデルを自明の理としてきた教育のパラダイムを転換することが大前提となる。この問題と関わって、ペダゴジーモデル（教師主導的学習）とアンドラゴジーモデル（自己主導的学習）の関係についていますこし付言しておく必要がありそうだ。前節までは、ひとまずノールズの言説にしたがって、ペダゴジーとアンドラゴジーの二つのモデルを措定し、対比させつつ、成人期における学習の特質について考察してきた。

　しかし考えてみれば、ひとくちに自己主導的学習といっても、自己主導性の発揮のしかたは決して一様ではない。医療や福祉に関わる専門継続教育と、自己の向上を意図して、個人的に教養を高めたり、あるいは芸術に勤しむ場合とを比べてみると、一目瞭然である。前者の例では、その社会的責任に鑑みて、到達すべき目標はあらかじめ設定されており、学習者にはそれを達成することが要求される。したがって、目標や水準の設定に関して、学習者が自己主導性を発揮する余地は概してすくない。それでも、プログラムによっては、学習内容や学習方法について、学習者が選択したり、自由に決定できる場合もある。このように、学習の計画―実施―評価のいずれの局面で学習者が自己主導性を発揮するかによって、学習活動の様相は大きく変化する。別言するなら、自己主導性の発現のしかたの数だけ、アンドラゴジーの実践はバラエティに富む。

　ひるがえって学校教育について考えてみると、同様なことが教師主導的学習の場合にもいえる。教師が、計画から実施、評価までを厳格に統制した実践もあれば、子どもたちが主体的に授業をつくり出すような実践もあるからだ。このようにみてくると、ペダゴジーとアンドラゴジーは、かならずしも截然と分離されるものではなく、じつは連続体をなしていることに気づかされる。一方

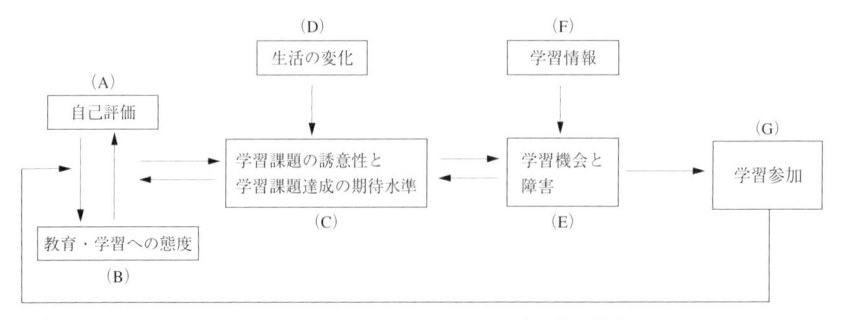

```
(A) 自己評価
(B) 教育・学習への態度
(C) 学習課題の誘意性と学習課題達成の期待水準
(D) 生活の変化
(E) 学習機会と障害
(F) 学習情報
(G) 学習参加
```

出典：Cross, K.P., *Adults as Learners*, Jossey-Bass, 1981, p.118. をもとに作成。

図2-2　学習参加を規定する要因の連鎖

の極にペダゴジーモデルの典型があり、他方にアンドラゴジーモデルの典型があり、それら二つの極を結ぶ線上に、"相対的"に教師主導的なものから"相対的"に自己主導的なものまで、多様な教育・学習の様態が分布していることになる。

ところで、学習活動をはじめようとする際、成人は、生活者であるから、さまざまな障害に直面する。ダーケンバルトら（Darkenwald, G.G. and Merriam, S.B.）は、学習参加を阻害する要因を「学習者の境遇に起因する障害（situational barriers）」「制度に起因する障害（institutional barriers）」「情報に関する障害（informational barriers）」「心理的・社会的障害（psycho-social barriers）」の4種に分類している[11]。

成人の学習参加行動についての先行研究を踏まえ、包括的な理論枠組みを提示した人物にクロス（Cross, K.P.）がいる。彼女は、自己評価、教育・学習への態度、学習課題の意味づけと学習課題達成の期待水準、生活の変化、学習機会と障害、学習情報の6要因を想定して、それらが連鎖して学習参加行動を規定する様子を図示した（図2-2）[12]。

学習参加を規定する諸要因の影響を、(A)の「自己評価」から順次説明すると、次のようになる。この自己評価とは、自身の能力に対する自信のほどをいう。学校教育では、就学する子どもになにがしかの強制力が働くのに対して、成人教育は、あくまで当人の自発的な参加によって成り立つ。それだけに、自分の能力に自信がもてず、失敗への不安や恐怖が先行していたなら、そうした

心理は、本人を学習に駆り立てるよりむしろ学習参加を忌避する方向へと作用するはずである。

　学習参加を規定する、もう一つのパーソナリティ特性が、(B)「教育・学習への態度」である。たとえば、ある人物は、競争原理が支配的な学校教育において、つねに学業の不振を託(かこ)った経験をもっていると仮定しよう。そうした人物にとって、教育や学習は、過去の気まずい思いを蘇らせる以外の何物でもなく、したがって時には嫌悪すべき対象とすらなりうる。さらに、教育・学習への態度は、現在所属している準拠集団の価値観によっても左右される。すなわち仲間や同僚たちが、教育や学習には一様に無関心であったり、否定的であったなら、当人もまた、同様な態度を取りやすいといわれる。

　(C)に上げた要因は、学習を行うにあたってあらかじめ設定される学習課題を、当人がどのように意味づけているか(「学習課題の誘意性」)と、設定した学習課題を達成しうる可能性とか、達成の暁に得られるであろう応報についての客観的な判断(「学習課題達成への期待水準」)という二側面から成り立っている。学習の誘意性、学習への期待水準がともに高ければ、参加行動を惹起するための、すくなくとも学習者の側での内的な条件は整ったことになる。

　ただし、「学習課題の誘意性」は、図中(D)の、生活の変化を的確に認識し、そこから学習したい(すべき)課題を察知し、発見することができるかどうかにかかっており、他方、「学習課題達成の期待水準」は、先にみた(A)「自己評価」と不即不離の関係にある。そのため、ライフステージの移行にともなう「生活の変化」に鈍感であれば、当然のことながら誘意性の高い学習課題は発見できるわけはないし、また、自分に自信が持てないでいる人物の場合、折角学習課題を設定してみたものの、とても達成できそうにはないと思うわけだから、いずれにしても、学習参加行動は生起しにくい。

　これまでみた(A)、(B)、(C)は、学習への動機づけにかかわる要因である。だが、動機づけがなされたからといって、学習参加行動が成立するわけではない。学習ニーズに合致することはもとより、彼らの日常生活における仕事や役割、そして時間や経済的な制約などとうまく折り合う、(E)学習機会が身近なところに存在しなくてはならない。さらに、たとえそうした学習機会が現存していたとしても、その所在を知ることができなくては、学習参加は起こ

りえない。そこから、(F) の必要とする「学習情報」が適宜入手できるかどうかも、学習参加の成否に大きく関わってくるのである。

（b） 自己主導的学習能力の育成

いうまでもなく、生涯学習は、学習者の自発的な意志にもとづく活動である。しかし、もともと自発性とは、学習する自由も学習しない自由も包含している。これに、教育水準の高い人間ほど、生涯学習活動に意欲的であるという事実を考え合わせると、生涯学習社会は重大なジレンマを内包していることになる。学習活動が生起するもしないも成人の自発性に任せているだけでは、生涯学習は、その理念とは裏腹に、教育の格差、ひいては社会的な格差を拡大再生産しつづけるからである。

そのため、生涯学習社会を実現しようとすれば、学習場面での支援だけでなく、学習参加を促すためのさまざまな支援方策が求められる。学習機会の整備充実や学習情報の提供など、制度やシステムをめぐる条件整備はもとより大事である。しかし、学習参加は当人の自発的な意志に委ねられていることからして、学習参加の規定要因のうちでも、学習への意欲や動機づけなど、内的な要因にあらためて注目する必要がある。

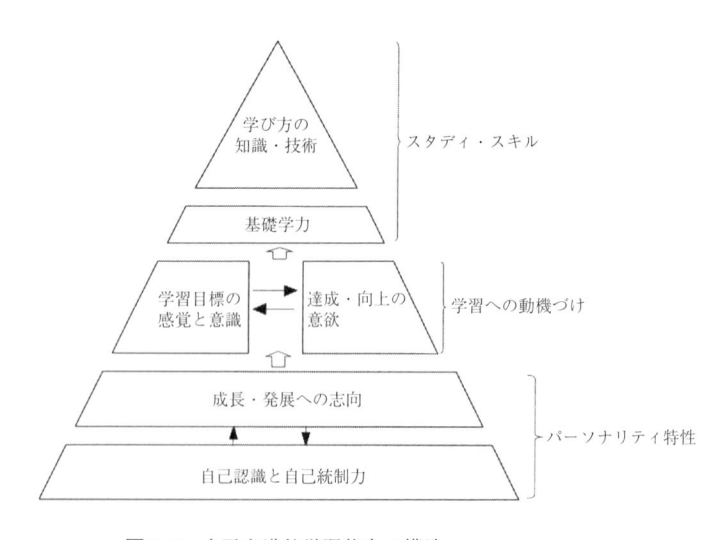

図 2-3 自己主導的学習能力の構造

自己主導的学習が生起し、成立するためのレディネスを自己主導的学習能力とよぶと、それは、図2-3のように示すことができるだろう。最下層の意識の次元から上方の態度や行動の次元に向かって、「パーソナリティ特性」「学習への動機づけ」「スタディ・スキル」の大きくは3層から構成される。

　自己主導的学習能力の基層をなすのが、自己を対象化し、自らをありのままに認識する力と、そうして認識した自己を、自我理想に近づけていくための、自己統制の力である。その上層に、成長・発展への志向が位置する。これは、学習参加の規定要因で言及した、「教育・学習への態度」にほぼ該当する。

　学習行動の成否を直接決定するのが、学習への動機づけである。動機づけに関しては、目標の感覚と意識、ならびに達成・向上への意欲が重要である。それらが意味するところは、やはり前節で述べた「学習課題の意味づけ」や「学習課題達成の期待水準」を想起すると理解しやすい。

　現実に学習活動を行う段階で求められるのが、スタディ・スキルである。「学」それは、必要な情報や知識を入手する方法にはじまり、検索して手に入れた文献を読み、解釈し、理解する力、そうして獲得した情報をもとに、推察したり考察する力、総合的に判断する力、結論を表明する力など、学習を展開していく過程で必要な能力万般を指す。

　問題は、自己主導的学習能力の育成に学校教育がどこまで応えているかである。

　ビヴァンスら（Bivens, L.W., Campbell, V.N., & Terry, D. F.）[14]は、青少年に自己主導的学習能力が育つどころか、むしろ枯渇している実態を明らかにし、その原因が学校教育のあり方にあると指摘した。すでに初等教育終了時には、何が学習する価値があるかを自分で決定できず、教師にうかがいを立てる、あるいは、到達度を測定する目的で教師が作成するテストに対してはやたら熱心に取り組む、などの傾向が、児童の習い性になっているというのである。

　わが国の場合はどうか。生きる力を標榜し、ゆとりの教育を推進しようとした政策は、生涯学習社会を念頭に置いていたという意味で、方向性としては間違ってはいなかった。しかし、そうした教育の指針を具現するための方法論と技術を、関係者たちはもち合わせていなかった。みるべき成果を生み出せないで、混乱する教育現場に、PISAの結果が追い打ちをかけた。その結果、いま

や、可視化可能な学力の向上を至上命題にして、教育政策は大きく揺り戻されようとしている。眼前の事態に一喜一憂し、弥縫策を繰り出してみたところで、抜本的な解決はおぼつかない。いま教育改革に求められているのは、教育の伝統的なパラダイムを大胆に転換する勇気と、生涯学習社会を展望するパースペクティブ、そして自己主導的学習者の育成という課題と対峙する真摯な努力なのである。

【注】
（１）アリエス, P.（杉山光信・杉山恵美子共訳）『〈子ども〉の発見 アンシャン・レジーム期の子供と家族生活』みすず書房、1980、p.35。
（２）同上、p.36。
（３）ルソー, J.J.（樋口謹一訳）『エミール』〈ルソー選集 8-10〉白水社、1986。
（４）アリエス, P.（中内敏夫・森田伸子訳）『教育の発見』新評論、1983、p.89。
（５）同上。
（６）Knowles, M.S., *Modern Practice of Adult Education : Andragogy versus Pedagogy*, Association Press, 1970.
（７）Knowles, M.S., *Self-directed Learning : A Guide for Learners and Teachers*, The Adult Education company, 1975.（Knowles, M.S., *Using Learning Contracts, 1st.ed. <The Jossey-Bass management series>*, Jossey-Bass, 1986）
（８）ちなみに、表中に記された学習課題と教材の具体的なタイトルは、次のようである。
　学習課題１："Why Self-Directed Learning?"
　学習課題２："What Is Self-Directed Learning?"
　学習課題３："What Competencies Are Required for Self-Directed Learning?"
　学習課題４："Designing a Learning Plan"
　教　材 A ："A Comparison of Assumptions and Processes of Teacher-Directed （Pedagogical） Learning and Self-Directed （Andragogical） Learning"
　教　材 B ："Competencies of Self-Directed Learning ; A Self-Rating Instrument"
　教　材 C ："Learning Contract"
　教　材 D ："The Self-Concept of a Self-Directing Person"
　教　材 E ："Relationship-Building Exercises"
　教　材 F ："Consultation Skill-Practice Exercise"
（９）Smith, R.M., *Learning How to Learn : Applied Learning Theory for Adults,* Cambridgy

Books, 1982, pp.44-47.
(10) Knowles, M.S., *Modern Practice of Adult Education : From Pedagogy to Andragogy* (*Revised and Updated*), The Adult Education Company, 1980.
(11) Darkenwald, G.G. and Merriam, S.B., *Adult Education : Foundation of Practice*, Harper & Row, 1982, pp.136-141.
(12) Cross, K.P., *Adults as Learners,* Jossey-Bass, 1981, p.118.
(13) Cross, K.P., "Adult Learners : Characteristics, Needs, and Interests", in Peterson, R. E. and Associates, *Lifelong Learning in America*, Jossey-Bass Publishers, 1979.
(14) Bivens, L.W., Campbell, V.N.,& Terry, D.F., *Self-Direction in Programmed Instruction Effects on Learning in Low Ability Students,* U.S. Office of Education, 1963.

第3章　成人の学習を拓く理論

　本章では、成人学習に関する理論を、①成人教育に対応する学習論、②個人レベルでの学習論、③個人が所属する組織内・組織間での学習論の大きく三つに分けてみたい。

　すなわち、①には、ノールズ（Knowles, M.S.）の成人教育学、フレイレ（Freire, P.）の意識化理論、フェミニズム教育学、②には、生涯発達、経験学習、変容的学習、③には、正統的周辺参加、学習組織論、知識創造論、活動理論が位置づく。

　本章での前提は、学習の基点を個人に置いていることである。私たちがどんなに集団の中で学んでいたとしても、学習は個人を基点としている。これに、ギデンズ（Giddens, A.）らの、前期近代と後期近代の特性に関する理論が絡んでくるのである。

第1節　成人教育に対応する学習論

　ノールズは、1960年代から70年代にかけて、子どもではなく成人を対象とした教育学、すなわち成人教育学（andragogy）の構築に乗り出した。成人は子どもと学習の特性が異なるので、成人用の教育学すなわちアンドラゴジーが必要であるという認識に至ったのである。その際に、ノールズは成人学習者の特性として次の4点をあげている。

　①自己概念は、依存的なパーソナリティのものから、自己決定的な人間のものになっていく
　②人は経験をますます蓄積するようになるが、これが学習へのきわめて豊かな資源になっていく

③学習へのレディネス（準備状態）は、ますます社会的役割の発達課題に向けられていく

④時間的見通しは、知識のあとになってからの応用というものから応用の即時性へと変化していく。そしてそれゆえ、学習への方向づけは、教科中心的なものから課題達成中心的なものへと変化していく

　つまり、成人は子どもよりも人生経験がある。それが学習の資源となる。成人は自分で学ぶ方法・内容を決めて学ぶことができる。それは「自己決定学習」（self-directed learning）とよばれる。そして、成人は子どもよりもみずから学びたい内容についてのニーズを有するので、学習ニーズに基づく教育が必要であるという成人教育プログラム計画理論が展開されていくのである。ここには、成人と子どもの学習の特性がやや二項対立的に描かれているという問題があるが、ノールズが成人のための教育学を構想した点は大きな意義を有しているといえよう。

　ノールズの成人教育学と対照的なのが、フレイレの成人識字教育実践に基づいて提起された意識化理論である。フレイレは、1960年代から南アメリカのチリやブラジルなどの非識字状態に置かれた成人を対象とした識字教育を実践した。彼の識字教育の方法は、意味のない言葉を寄せ集めた反復型の識字教育ではなく、非識字の成人たちが生きている社会を読み解く17のキーワードを提示することから始まる。

　それは生成語（generative word）とよばれ、「スラム」（favela）や「井戸」（poço）、「鋤」（arado）といった、人びとの生活において身近なポルトガル語である。まず、生成語の含まれた絵を成人非識字者にスライドでみせ、そこから何が連想されるかを語り合う。たとえば、クワをもった農民や井戸、家や樹木が描かれた絵をみせて、調整者は、「だれが井戸を掘ったのか」「なぜそうしたのか」「どのようにして掘ったのか」などの質問を発しながら、自然と文化の違いや、労働を通して現実を変えていく創造的な存在としての人間や、労働の役割について、非識字者が確認し、理解していく方向へと議論を導いていく。

　そうした教育を経験した非識字者は、みずからの被抑圧性に気づき、みずからに不利益をもたらす社会を変えていこうと志向する新しい人間として生まれ

変わる可能性を有していくのである。

そこには「意識化」(conscientization) という心的メカニズムが介在している。非識字者は、日常生活において言葉を聞き話すことはできる。しかし、読んだり書いたりすることはできないのである。そのために、新聞が読めずにその時々の政治状況がわからなかったり、契約書などでだまされたりして不利益を被っている。非識字者は、文字を識ると同時に、生活している社会において、みずからが置かれた被抑圧性に気づいていくのである。

これは従来の成人識字教育が生活現実とまったく関係のないことを教え込む「銀行型教育」(banking education) であったのに対して、「課題提起教育」(problem posing) として位置づけられる。銀行型の成人識字教育では、学習者は現実社会を批判的に考察することは想定されていない。銀行型教育では、「人間は世界や他者とともに存在するのではなく、たんに世界の中にあるにすぎない」のである。課題提起教育では、教える者と教えられる者との間での対話的な関係を前提とし、「教師はもはやたんなる教える者ではなく、生徒と対話を交わしあうなかで教えられる者にもなる」のである。この識字教育実践ではさらに、生成語を文節に分解し、異なる文節を結合させて異なる単語を作り、言葉が人為的に作られていることに気づかせていくのである。

フレイレの意識化論には、農村男性を中心とした抑圧的な社会構造に気づかせてくれても、被抑圧的な立場にある男性が家庭で妻や娘に対して家父長的な権力をふるうという抑圧・被抑圧の重層性についての視点が弱いという批判がある。フェミニズム教育学は、フレイレの意識化論が、男性中心的で社会階級に焦点が当てられていたことへの批判として提起された。ブラック・フェミニストのベル・フックス (Bell Hooks) は、フレイレについて次のように語っている。

> 「フレイレを読むたびに、性差別的な表現が気にならなかったことはないわ。それだけじゃなく、気になったのは、彼の思い描く解放の理念がファロス中心主義的で（他の進歩的な第三世界の政治的指導者や知識人や批判的思想家、たとえば、ファノンやメミなんかと同じように）、そこでは自由っていうのは家父長主義的な男らしさの体験といつも結びついている、まるでそのふたつは同一の

ものであるかのように。この点にはいつも頭にくる。」

最初のころ、フレイレの著作には性差別的な表現が目立っていたが、フックスはフレイレと会い、それが修正されていったことを次のように評価している。

「彼の書いたものの中にある性差別について、パウロ・フレイレに個人的に質問したいと思っていたしね。そんなわけで、わたしは、特別の計らいということで何とか会合に出ることができた。わたしの出席に反対した当の人たちが、性差別の問題を持ち出し、その件は重要ではないと主張すると、間髪をいれずパウロがそれを遮って、それは非常に重要な問題だといい、そのことについて語り始めた。ぶっちゃけた話、まさにその瞬間に、わたしは彼が大好きになった。」
「彼はみずからの行動によって、自分自身の信念を示してみせたのよ。もし彼がフェミニストの批判を黙殺したり、矮小化したりしていたら、わたしにとっての展開はまったく違っていたと思う。しかも、わたしにとって重要だったのは、彼が、自分が書いたものに『性差別』が存在していると認める、っていうことだけじゃなかった。わたしが知りたかったのは、初期の著作のこうした問題点を変更し、その点をどう考えるのかをみずからの手で文章にすることを、彼が、なぜしてこなかったのか、ということ。彼はその日、そうした問題について、もっと語ったり書いたりして公に明らかになるようにしてゆきたいといった――そしてそのことは、彼のその後の著作で明らかになったんだよね。」

このように、フェミニズム教育学は、ノールズの成人教育学、フレイレの意識化論に共通していた男性中心的な学習の論理を批判して、女性の立場から社会的・文化的に作られた性（gender）による差別の問題を提起する中で、成人教育論を組み替えていこうとしていることがわかる。ただし、この問題提起が女性の学習は男性とは異なるという性別特性論に陥ってはならないと思われる。現在、成人教育学は、階級、性、さらには人種・民族（race / ethnicity）の要因をも含めた、より包括的な成人のための教育・学習論を構築しつつある。

第2節　個人レベルを単位とした学習論

生涯学習は人間の一生涯にわたる学習の総体を指す。そこで重要な概念が生涯発達である。

生涯発達心理学は、画一的な年齢を基にしたライフステージ研究から、個々人のたどる人生の道筋を量的・質的に明らかにしようとするライフコース研究へと移行しつつある。これは個々人の差よりも集団を中心に画一的な統制様式を基調とした前期近代社会から、個々人の人生の多様性を基調とする後期近代社会への移行と同時並行的な現象である。

　後期近代における人間の個人化とアイデンティティの関係について、バウマン（Bauman, Z.）は次のように指摘する。

> 「一言でいえば、「個人化」の本質は、人間の「アイデンティティ」が「所与」のものから「課題」へと変わるというところにある。―それはまた、行為者に、その課題を遂行することの責任その遂行の帰結（そしてまたその副次的結果）についての責任を負わせるということでもある。」

　つまり、人びととは社会の主流の価値観に依存して生きていけば安泰なのではなく、それを参考にしながらも、常にそれを自分で問い返しながら生きていかなければならないのである。それが後期近代の特性でもある再帰性（reflexivity）というメカニズムである。生涯発達においては、この再帰性が生涯学習の機動力となるのである。生涯発達は個人のアイデンティティの構築と再構築に大きく関わる。ギデンズは次のようにいう。

> 「自己アイデンティティは、一人の人間の行為システムが継続している結果として与えられるものではなく、むしろ、人間の再帰的な活動の中でつねに作られ、維持されなくてはならないものなのである。」

　自己はつねに再帰的に構築・再構築されているのである。自己アイデンティティは、つねに構築の過程にあり、完成されたものではない。認識の変容ということをいやがうえでも経験せざるをえない。それが生涯学習研究のテーマとならざるをえない状況に私たちは生きているのである。生涯学習は私たちのアイデンティティの形成過程と深いかかわりをもち、後期近代に生きる私たちにとって、アイデンティティの形成は、永続的でかつ更新に開かれた常に試行錯誤的な営みである。

　従来のアイデンティティ論は、エリクソン（Erikson, E.）のように、青年期

に身につけたアイデンティティがその後の長い年月において持続し、人生における人間形成の核となり続けるという前提に立っていた。しかし、それは後期近代に生きる私たちにとって、必ずしもそうではないことが感知されつつある。アイデンティティの一時的性格、それがたえざる学習によって問い返され、常に構築されつつあることを認識することが肝要である。それがギデンズのいう「自己の再帰的プロジェクト」（reflexive project of the self）というメカニズムである。

　「自己の再帰的プロジェクトにおいては、自己アイデンティティの物語は本質的に脆弱である。はっきりとした自己アイデンティティを作りあげるという課題は、確固とした心理的利益をもたらしてくれるかもしれないが、それは確かに重荷でもある。自己アイデンティティは、変わりやすい日常生活の経験や断片化する近代的制度などを背景として作られ、多かれ少なかれ再秩序されなくてはならない。」

関連してバウマンは次のように述べる。

　「凝集力があり、きっちりと固定されていて、堅固に構築されたアイデンティティは重荷であり、強制であり、選択の自由への制約です。」
　「私たちの液状化した世界では、生活のために、あるいは生活全体ではないにせよ、来るべき非常に長期間、単一のアイデンティティにコミットすることは危険なことです。アイデンティティは身につけて示すものであって、保管して維持するものではありません。」

　つまり、私たちのアイデンティティを無理に確実にしようとすると、自民族中心主義や女性差別や国家主義の陥穽に落ちてしまうのである。これらがもっとも危険なことであるとバウマンは指摘するのである。
　経験学習や変容的学習との関連でいえば、アイデンティティは人生における経験による学習によってたえず更新と変容に開かれている。経験学習の理論家であるコルブ（Kolb, D.A.）は、デューイ（Dewey, J.）による「観察」「知識」「判断」からなる3段階の学習過程、レビン（Lewin, C.）による「具体的経験」「観察と反省」「抽象的概念の形成と一般化」「新たな状況での概念の示唆する

ものの検証」という4段階のフィードバック過程を踏まえながら、

①具体的経験→②反省的観察→③抽象的概念化→④能動的実験

という四つのサイクルを提示した。それは、人間が新しい状況で今までにない経験をして、そこでの自分の言動を振り返り反省すべきは反省し、そこから一定の教訓や法則を導き出し、それを新しく似たような状況に遭遇したときに適用するという過程である。こうして、コルブは、人間の生涯発達の過程において、具体的経験が変容された結果、知識が創出される過程に着目し、立体的な三角すいのモデルを構築している。

コルブの経験学習論は、ビジネスの世界でも応用されている。その例として、松尾睦は、経験と学習の関係性について、直接・間接——外的・内的経験が、既存の知識・スキル・信念に影響を与えて、知識・スキル・信念の修正、追加を迫っていく過程を学習と捉え、そこから企業における社員の自己発達のモデルを考察している。

経験学習の中で、学習による人間の認識の変容過程に注目したのがメジロー（Mezirow, J.）の「変容的学習」（transformative learning）論である。メジローは、新しい経験が新しい認識を創り出すという観点から、みずからの経験を振り返り、その経験を理解している認識の枠組みを変えていく過程に着目した。ここでは「認識のパースペクティブ」と「認識のスキーム」といった概念が提示され、前者が後者を規定すると論じられた。それらは、現在、「精神の習慣」と「観点」に対応しており、各人の「準拠枠」（frame of reference）の変容が重要であるとされている。

ただし、この理論は十分な具体的な事例に基づかないまま認識変容のメカニズムを論じている点、認識の変容の方向性が不明な点、認識の変容と行動の変容の関連性が曖昧にされているという批判もある。変容的学習については、ジャービス（Jarvis, P.）も変容的学習のループ図を描いている。今後、より多くの具体的な事例を分析しながら、抽象的な理論をわかりやすくしていく必要があろう。

これらの理論は、究極的には、さまざま組織に所属している職業人が、みずからの経験を振り返り認識の拡大と変容をもとにして、みずからの力量を高め

ていくという「省察的実践者」(reflective practitioner)という姿に結実していく。これはショーン(Schon, D.)が提起して、教師や看護師など対人援助職に関わる人びとが経験による学習を通して専門的力量を高めていくことに関わっている。

第3節　組織を単位とした学習論

正統的周辺参加(Legitimate Peripheral Participation：LPP)とは、ある人が自分でよいと認めたサークルやグループなどの実践共同体(community of practice)に参加して学ぶ過程で、その指導者(師匠)あるいは構成員(兄弟子、先輩)のようになりたいとあこがれて、見よう見まねで模倣し、周りのメンバーからさまざま情報を受け取りながら、「一人前」になりたいと思う過程での学びに関わる。これは状況的学習(situated learning)あるいは「状況に埋め込まれた学び」ともよばれる。これは教育によって学ぶという側面よりも、みずから学んでいくという側面が強い。レイヴとウェンガーは

> 「正統的周辺参加はそれ自体は教育形態ではないし、まして教授技術的方略でも教えるテクニックでもないことを強調していくべきである。それは学習を分析的にみる一つの見方であり、学習というものを理解するひとつの方法である」

と論じている。

ここでは、ある共同体に入門した新参者が、まずは「周辺参加」して次第に「十全参加」したいと思うが、みずから参加した実践共同体のあり方を変えていくという志向性は小さい。自分が参加している実践共同体の変革よりも、そこへの「適応」の文脈に学習が位置づいているという弱点がある。実践共同体には、日本の相撲部屋のような封建的で閉鎖的な共同体もあり、そこでの体罰による人権侵害も問題になっていることをみるとき、この理論を手放しで賞賛するわけにはいかない。加えて、日本ではこの理論が、1990年代に佐藤学や佐伯胖らによって学校教育の文脈に適用され、「学びの共同体」としての学校・学級という教育主義的な文脈に転用されたという難点があった。元来、正統的周辺参加は、教育よりも学習の文脈に位置づいているのである。その元の文脈から学習をみていくことが必要である。

このように、正統的周辺参加による学習論は、みずから所属する共同体や組織の変革を志向しないものであるが、そこである人が他者との協働によって、みずから所属する共同体や組織のあり方を変えたり、またアイディアや商品などを新たに生み出していくこともできる。そこに関わってくるのが、学習組織論と知識創造学習である。ある組織に属するメンバーが互いに学び合いながら新しいアイディアを作りあげ、それによって組織をよりよいものに変革していくのが、学習組織論である。企業における商品開発のための企画会議や、公民館などの生涯学習関連施設において複数の市民と職員が新しい講座プログラムを作りあげていく市民企画講座会議なども、学習組織という名に値しよう。

ワトキンスとマーシック（Watkins, K., & Marsick, V.）は、学習組織（learning organization）について次のように論じる。

>「学習する組織とは、継続的に学習し、組織そのものを変革していく組織である」
>「学習は、組織のなかでより複雑で集合的なレベルへと伝えられていく。すなわち、個人、集団、チーム、より大きなビジネス・ユニットやネットワーク、組織それ自体、顧客と供給業者とのネットワーク、そしてその他の社会集団へと広がっていく。……一人の人間の言ったり行動したりしたことから、連鎖反応からはじまる。他の人がそれにすぐに反応して、その後別の人がその反応に反応していく。集団のメンバーは、はじめはそれぞれ違った方法で物事に意味づけを行う。しかし、彼らは他のメンバーとのコミュニケーションを通して、徐々にコンセンサスをつくりあげていく。人びとの知識は、この経験によって急速に変化する。組織レベルでの学習は、あたかも核の連鎖反応のように、複雑な相互作用を通じて急速に起こる。」

一方、野中郁次郎は、知識創造論として、企業組織におけるメンバー間のやりとりの中で新しい知識が創出される過程を、

　　①共同化─── ②表出化─── ③連結化── ④内面化
　　（Socialization）（Externalization）（Combination）（Internalization）

の4サイクルからなるSECIの図式として提案している。

この図式は、「人間一人ひとりの体験に根ざす個人的な知識であり、信念、

ものの見方、価値システムといった無形の要素を含んでいる」「暗黙知」（tacit knowledge）を、「文法にのっとった文章、数学的表現、技術仕様、マニュアルなどにみられる形式言語によって表すことができる知識である」「形式知」（explicit knowledge）へと変換し、それがさらにふたたび暗黙知へ戻る過程で、新しいアイディアが生み出されていく過程を描いている。

　ここでは知識が富を生み出すこと、日本企業の優秀性は、社員が協働して知恵を出し合う中で、新たな商品を創り出す力にあるとされる。この SECI の図式によって、企業の商品開発グループでの学習を通した新商品の生成過程を説明できる。野中らはこの考え方をさらに発展させて、「知識国家」というものがありえるとしている。

　他方、活動理論（activity theory）は、異なる組織に所属する個人と個人が出会い、その組織間の関係性を変えていくために互い学び合っていくことに関わっている。エンゲストローム（Engestrom, Y.）は、二つの病院間での「診療協定」（care agreement）の構築をその例としてあげている。ある市内に、二つの病院があり、それらは従来何の関係もなく存在していた。しかし、患者にとっては双方の病院が有機的に連携していた方がよい。その方が、病状に応じて患者を診ていくことができ、病院をかわった際にも重複医療を避けることができる。そこで、患者たちと二つの医療機関関係者が一堂に会して、それらの関係を調整して二つの病院の連携の道を探ったのである。活動理論は、小学校と中学校の連携や、学校教育と社会教育の連携に関する研究にも関連がある。

　また、日本映画『県庁の星』（東宝、2006）において、県庁に勤めるエリート公務員の野村（織田裕二）と、彼が民間会社との連携で派遣されたスーパーマーケット「満天堂」のパート女性店員の二宮（柴咲コウ）との間で、お互いの職場の仕事のやり方に違和感と反発を覚えながらも学び合い、満天堂を経営危機から救い出した企業改革の物語も、活動理論の応用例としてみなされよう（ただしこの映画では、県庁の方は強固な官僚制によって改革が遅々として進まないことが課題として残されていた）。

　このように活動理論は、異なる文化・エートスを有した二つの組織の対面による組織改革に関わる。そして、その改革は二つの組織内部のあり方と二つの組織間の関係性を変えていくことに及んでいくのである。

第4節　成人の学習に関わる理論の概観

本章でこれまであげてきた成人の学習に関わる理論は互いに関連している。そこで、これらの理論を図 3-1 に位置づけてみた。

ここでは、縦軸に「教育―学習」、横軸に「個人―集団」を置き、四つの象限に本章で扱った九つの理論を位置づけた。まず、成人教育に関わるアンドラゴジーが、意識化論、フェミニズム教育学へと、階級、性、人種・民族の要素を取り入れながらよりダイナミックな教育・学習理論になりつつある。アンドラゴジーは、成人を対象とした教育学で、集団での教育場面を含むが、個人のニーズ、組織のニーズ、地域社会のニーズをもとにして学習プログラムを創っていき、究極的には個々人の学習ニーズを満たすことに重点が置かれる。その点で個人主義的であり、個人を取り巻く社会を変えていく視点は弱い。意識化論では、調整者が非識字成人集団を対象に「対話」をしながら識字教育を進めていく。その点で、アンドラゴジーよりも集団主義的であり、文字を獲得して自ら生きている社会の抑圧性や不平等に気づき、行動していくことのできる成人集団による社会変革が期待されている。フェミニズム教育学でも、女性集団を対象とした場面で、ファシリテーターが、講座に参加した女性たちが身の回りの些細なことを話し合うことを促進し、それと女性差別の問題を結びつける役割を演じる。そこで学んだ女性たちは自らの生活習慣に根ざした差別に気づき、それによってそれまでの行動を変えていくことが期待されている。フェミニズム教育学も、意識化論と同様にアンドラゴジーに比べてより集団主義的で

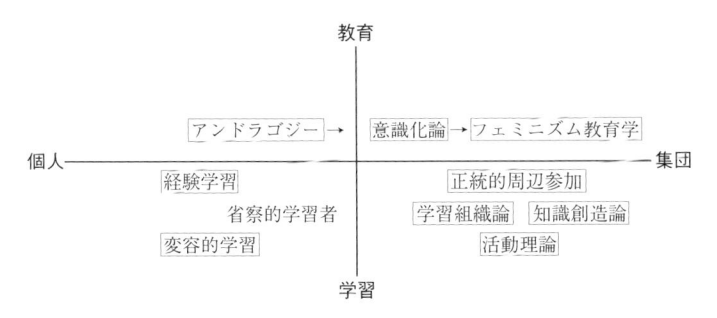

図 3-1　成人の学習に関わる理論の関連性

ある。

　次に、個人と学習の交わる象限に、経験学習と変容的学習を置き、双方の間に省察的学習者を位置づけた。いずれの理論も、人生の時空間においてさまざまな喜びと苦悩を経験していく過程で、自らの生き方をどのように改善していくかを真剣に考えることに関わる。その意味で個人主義的である。ある人生経験をして、それを経験する以前の自らの考え方を省察して、その歪みや不足に気づき、自分が何をしなければならないかを、意味ある他者や書物などの各種のメディアから学んでいくのである。ここには「省察」が不可欠である。これらの理論は自分を変革することに力点が置かれ、社会を変えることは副次的であるか希薄である。

　さらに、集団と学習の交わる象限には、正統的周辺参加、学習組織論、知識創造論を置き、実践共同体への適応による学習からその変革、新たなアイディアの創造に至る学習論を位置づけた。いずれの理論も複数の人が集まって、ある活動をしている集団における学習という点で共通している。正統的周辺参加の考え方は、学校での学習とは異なり、ある特定の活動を行っている集団、すなわち実践共同体に入門してそこで師匠をはじめ兄弟子たちから学ぶ様式の重要性を私たちに気づかせた。そこでの学びは学校での学習に比べて総合的でかつ複雑である。しかし、自ら所属している実践共同体自体を変革していく方向性は弱い。それに比べて、学習組織論では、ある集団すなわち実践共同体に所属しているメンバーが、その集団のあり方について批判的に考え、変革していくことが期待されている。そうした学びが自己と集団の変革につながっていくのである。特に企業社会において、これが知識創造論とともに採用されているのは、社会の変化の早さに企業社会がついていかなければならないためでもある。そして、企業における新たな商品開発プロジェクトなどに関わる理論が知識創造論である。これはプロジェクトに関わる個々人のアイディアを生かしながら、それらをこれまでなかった新たな付加価値をつけた商品の開発につなげていこうとする。

　最後に、活動理論は、ある組織（共同体）とほかの組織（共同体）の対面によるメンバーの学習によって、組織（共同体）内・外の関係性が変わる可能性を示した理論である。すでに、学校の教員がデパートなどで体験実習を行う異

業種間交流などの試みがあるが、まったく仕事の仕方が異なる業界を体験することによって、日々の自らの仕事の仕方を省察し改善しつつ、究極的には自ら所属する組織のあり方を変えていくことを志向している。それは、同時に従来の組織と組織の間の関係性をも変えることを射程に入れている、学習による組織変革の理論である。

　今後、これらの成人の学習に関わる各理論の精緻化を進めながら、それらをより総合的にとらえる理論の創出が期待されている。

【引用・参考文献】
（1）ノールズ, M.（堀薫夫・三輪建二監訳）『成人教育の現代的実践』鳳書房、2002。
（2）フレイレ, P.（小沢有作他訳）『被抑圧者の教育学』亜紀書房、1979。
（3）フックス, B.（里見実監訳）『とびこえよ、その囲いを』新水社、2006。
（4）ギデンズ, A.（秋吉美都・安藤太郎・筒井淳也訳）『モダニティと自己アイデンティティ』ハーベスト社、2005。
（5）バウマン, Z.（伊藤茂訳）『アイデンティティ』日本経済評論社、2007。
（6）バウマン, Z.（澤井敦・菅野博史・鈴木智之訳）『個人化社会』青弓社、2008。
（7）レイヴ, J.、ウェンガー, E.（佐伯胖訳）『状況に埋め込まれた学習』産業図書、1993。
（8）野中郁次郎・竹内弘高（梅本勝博訳）『知識創造企業』東洋経済新報社、1996。
（9）ワトキンス, K.E.、マーシック, V.J.（神田良・岩崎尚人訳）『「学習する組織」をつくる』日本能率協会マネージメントセンター、1995。
（10）エンゲストローム, Y.（山住勝広他訳）『拡張による学習』新曜社、1999。

第4章　高齢者の学習と支援

第1節　高齢者の特性を活かした学習支援の問題

(a) 人口の高齢化と高齢者をめぐる状況

　今日、日本における人びとの平均寿命は延伸されてきている。厚生労働省の2008年度簡易生命表によると、2007年現在の平均寿命は、男性79.19歳、女性85.99歳と過去最高を記録した。男性が世界第2位、女性が世界第1位であった。また人口全体に占める65歳以上の者の比率は、2008年9月の時点で22.1％と、世界でも例をみない高齢社会が到来している。75歳以上の層も10.3％となり、後期高齢期のあり方をめぐる問題も顕在化してきている。

　ところで、人口高齢化の国際比較などにおいては、65歳以上をもって高齢者ととらえることが一般的ではあるが、じつは、65歳以上を高齢者ととらえることの確固とした根拠は希薄である。一説によると、19世紀のプロシアの宰相ビスマルクが、65歳あたりから年金を支給してもよいだろうと決めたところから来ているというくらいである。

　時代を経るにつれて、60代の人びとを高齢者とよぶには無理があるといわれ出してきた。熟年や高年という用語も出てきたが、最近ではシニアという語が普及しつつある。一方で、75歳あたりを境に、前期高齢期・後期高齢期と区分されるようにもなってきている。逆に、「人生の第三期」という表現などにより、50代くらいから高齢期のあり方を考える風潮も出てきている。つまり、高齢期の開始時期や高齢期の下位区分をめぐる問題は、より多面的になってきているのである。

　高齢者や高齢期をめぐる問題を扱うのは、福祉や保健などの領域からのものが多い。しかし福祉の視点のなかに「社会的弱者への保護」のニュアンスが読

み取れること、一方で広い意味での「健康な」高齢者の比率が85％程度だという指摘があることを勘案すると、従来の福祉的な発想とはやや異なった、高齢者への働きかけの視点が重要になってくるかと思う。つまり、高齢者を保護の対象というよりは、むしろ一生活者や生活主体としてとらえるという視点である。

　高齢者を生活者の視点からとらえ、かつそこから高まっていく筋道を考えていくというのは、まさに教育や学習の視点なのである。生涯にわたって自己を形成させていくための筋道とその支援方法を考えることは、生涯学習としての高齢者教育・学習の問題を考えることでもあるのだ。そこで重要となるのが、高齢者や高齢期の特性を活かした学習支援の筋道を考えることであろう。

（b）ジェロゴジーの視点

　高齢者の特性を活かした学習支援の問題は、前章までで触れた、成人の特性を活かした学習支援論としてのアンドラゴジー（andragogy；成人教育学）の理論につながるものである。アンドラゴジーの体系は、ノールズ（Knowles, M.S.）らによって1970年前後に構築されたのであるが、この論への批判として、たとえば、20代の若者と80代の高齢者はともに成人ではあるが、両者を一括して一つの学習支援論から論じていいのか、といった疑問が出てきたのである。高齢者あるいは高齢学習者には、成人前期や中年期の者とは異なった特性があり、これらを活かして学習支援を進めていくほうがより現実的ではないのかということである。

　この高齢者の特性を活かした学習支援論のことを、ペダゴジー・アンドラゴジーとの関連から、ジェロゴジー（gerogogy）とよぶことがある。gerontologyが老年学と訳されるように、高齢や老いを意味する「gero」に、支援するという意味の「agogus」が付いた造語で、高齢者教育学と訳されることが多い。

　ジェロゴジーの論については、現実には問題提起の部分が中心でまだその内実を深められているとはいえない。しかしノールズのアンドラゴジー論との対比のなかで提起された点を参照しつつ、筆者なりに論点を整理したものが、**表4-1**である。

　ここでは、高齢学習者の特性は、アンドラゴジーというよりはむしろペダゴジー（pedagogy；子ども教育学）の原理に近いといえそうである。「子ども返

表4-1 ペダゴジー・アンドラゴジー・ジェロゴジーの原理の比較

論点	ペダゴジー	アンドラゴジー	ジェロゴジー
学習者の自己概念	依存的。年齢が上がるにつれて、依存性は減少する	自己主導的（self-directing）	依存性の増大
学習者の経験の役割	あまり重視されず。教師や教科書執筆者の経験が重視される	学習への貴重な資源となる	学習への貴重な資源となるが、一方で、活用に工夫が必要となる
学習への準備状態	生物的発達段階と社会的プレッシャー	社会的役割からの発達課題	内在的報酬。エイジングへの適応
学習の見通し	延期された応用	応用の即時性	応用の問題は二次的に。学習経験に内在する価値と人間関係の豊饒化が重要に
学習への方向づけ	教科・教材中心	問題解決中心	興味をひく教科中心。人間的交流や社会参加など副次的要素が重要に

り」という現象が指摘されるように、高齢者への学習支援においては、高齢者が人生の先輩であることや高齢期が成人後期でもあることなどを踏まえたうえで、依存性の増大や応用の即時性の低下といった、子ども教育学の原理に近い部分を考慮して進めていくことが求められよう。

　一方で、高齢者の学習では、学校卒業や会社勤務といった拘束条件が少ない分、内在的報酬（intrinsic rewards）とよばれる、学習活動そのものに喜びを見出すこと、および学習活動に副次的にともなう人間関係の充実化が、ほかの時期での学習よりも、より重要となろう。

(c) **エイジングと教育老年学**

　最近では、高齢者やエイジング（aging）の特性が中年期以降徐々に顕在化・多様化していくことを考慮して、ジェロゴジーよりも「教育老年学（educational gerontology）」という枠組みから、高齢者の特性を活かした学習支援論が論じられることが増えてきている。教育老年学は、成人教育論と社会老

年学とが一体化した学問分野だといわれているが、そのキーとなる概念は「エイジング」である。エイジングとは、人間が生物的完成体に達してから次に生じる比較的規則的な変化を指す。発達（development）が誕生から成人期に向かう前進的・展開的な概念だとするならば、エイジングは、生体が最終的には老いや死に向かうという含意をもつ収斂的概念だといえる。したがって主要には人生後半部の変化を指すことが多いが、青年期くらいからの変化をも含める場合もある。

エイジングの訳語としては加齢や老化、高齢化といったものがよく用いられるが、高齢者問題といった高齢期にともなう経験を指すこともあれば、円熟や熟成など、ポジティヴな意味で使われることもある。ちょうどワインやチーズを発酵させてまろやかな味を出させることをエイジングとよぶように、元来この語にはポジティヴな意味も内包されているのである。しかし昨今のアンチ・エイジング論などのように、身体的・外見的な側面を強調するならば、エイジングは抗うべきものになってしまう。

教育老年学は、このエイジングのポジティヴな側面を摘出する学問だといってよいだろう。またジェロゴジーにも、高齢者の積極的な側面を学習や教育によって活性化するという含意がある。高齢者の特性を活かした学習支援を考える場合は、したがって、ポジティヴ・エイジング（positive aging）という視点を軸に考えていくことが重要となろう。

第2節　高齢期の発達特性と学習支援

それでは、高齢者や高齢期の発達上の特性を活かした学習支援の理論的根拠としては、これまでどのようなものが出されてきたのか？　以下、欧米で示されたいくつかの理論を検討しつつ、高齢者の発達特性を活かした学習支援の理論的根拠を考えていきたい。

（a）二つの知能論

高齢者の発達特性を活かした学習支援の理論的根拠のうち最も古典的なものの一つが、人間の知能や知的能力を、成人期以降低下しやすいものとそうでないものとに分け、前者に対しては補助や補償を、後者に対しては活性化を支援するという方策である。たとえば、デビッド・ウェクスラー（Wechsler, D.）

が提唱した、言語性知能と動作性知能の区分はその古典的なものである。ウェクスラーは、成人向けの知能検査法を開発したが、これを用いたその後の多くの研究は、主にことばや算数や文化的理解を扱った言語性知能は成人期に低下しにくいが、空間定位や瞬発力などを診る動作性知能は、学歴や生活経験に関係なく、成人期以降に低下することを示した。

そして、成人期以降の学習を効果的なものにするために、時間制限を強調するのではなく、学習者自身のペースで学習すること、すなわちペイシング（pacing）の重要性が強調された。また記憶に関連する学習においては、学習者にとって意味のある語や文章のほうが定着されやすいということ、それゆえ成人学習者や高齢学習者の生活経験に関連させて学習内容を提示することが重要だと指摘された。

こうした二つの知能論として最も有名なものが、心理学者キャッテルとホーン（Cattell, R., & Horn, J.L.）が提唱した流動性（fluid）知能と結晶性（crystallized）知能の理論である。流動性知能は、神経生理的基盤に根ざした情報処理の基礎過程を反映するもので、生活経験から独立した知能だと考えられている。このタイプの知能は、青年期をピークにして以降低下していくものと考えられている。短期記憶、概念形成、抽象的な関係性の知覚、瞬発力を要する学習などがこの例としてあげられよう。

これに対して結晶性知能は、文化接触や生活経験、教育経験と結びついた知能である。成人期以降も低下しにくく、学習のペースをコントロールすれば上昇も期待できる知能である。語彙や算術能力、哲学や芸術などの文化遺産の理解、社会規範、判断力といったものが、この例としてあげられる。成人期ではしたがって、流動性知能は低下するが、一方で結晶性知能が上昇するため、結果として両者の相殺効果により、知能の主観的安定性が保持されることになるといえる。

同様の知見をドイツのボール・バルテス（Baltes, P.B.）は、知能のメカニクス（mechanics）とプラグマティクス（pragmatics）という区分にて説明した。知能のメカニクスは情報処理や問題解決の基本的過程のようなもので、年をとってからの進展はむずかしくなる。逆に知能のプラグマティクスは、知識の内容や手続きの側面をさしており、特に専門的知識の貯蔵庫のようなものだと

理解されよう。高齢期において活性化されるのは、この知識の内容的・手続き的側面なのである。そしてこの領域の知識が結晶化したものが、熟達化（expertise）あるいは知恵（wisdom）なのである。バルテスらは、知恵を「人間の発達と人生に関する類いまれなる洞察。特に人生上の困難な課題に対する、適切な判断やアドバイスなど」と定義し、高齢期に開花される徳性として位置づけた。

（b）選択的最適化とそれによる補償の理論

バルテスは「選択的最適化とそれによる補償（selective optimization with compensation）」という独自の生涯発達理論を提唱したが、これは、高齢者の発達特性と学習支援を結ぶ概念だといえる。彼の生涯発達論の特徴は、生涯発達を獲得（gains）と喪失（losses）の同時進行として位置づけたうえで、喪失の事実がより顕在化しやすくなる高齢期において、いかなる発達論が構想できるかを議論した点にある。「選択的最適化とそれによる補償」の理論には、次の三つの視点が内包されている。

①個人が人生を歩む中で選択した適応の形態が、生涯発達の道筋として徐々に発展していく。したがって中高年期においては、ある職業領域での技能などのように、個人に選択された限定的な領域において伸びていくということになる。

②われわれが年をとるにつれて、生理的能力の低下や社会的役割の減少など、エイジングの可塑性は徐々に狭められていくが、これに対しても適応を図らねばならない。

③喪失としてエイジングに対しては、それに対する補償的・代用的な作用を発達させる必要がある。資源や手段の限界性の中で、いかに目標に近づくかを考えねばならないということである。

バルテスはこの論の例として、80代になってもピアノを弾き続けたルービンシュタイン（Rubinstein, A.）の例をあげる。高齢になってもピアノを弾き続けるために、ルービンシュタインは、厳選された作品に絞り（選択）、少ない部分をいっそう練習し（最適化）、速い演奏箇所の手前ではよりゆっくりと弾

くなどの印象操作をして（補償）、演奏を成功させたのである。
（c）**高齢者特有の教育的ニーズの論**

　学習ニーズという視点から高齢者の発達特性を考えるならば、高齢者に特有の教育的ニーズという問題が重要となる。アメリカの教育老年学者ハワード・マクラスキー（McClusky, H.Y.）は、高齢期になると負担と能力のバランスを取ることがより重要となるが、この差を埋めるものを、高齢者の教育的ニーズととらえた。彼は、これには次の五つがあると指摘した。

①対処的ニーズ：高齢者が自律的な生活を営んでいくうえで不可欠なニーズで、生存のためのニーズ（survival needs）とも重なり合う。読み・書き・計算などの基礎能力や、健康や経済的自立、居住環境や家族関係の理解といったものが、この中に入る。

②表現的ニーズ：活動それ自体の中に見出される喜びへのニーズであり、高齢期以前の時期に表現する機会を得られなかった、自己のある側面を表現する。高齢者が、旅行や学習活動に専念することなどがこの例だといえよう。

③貢献的ニーズ：他者や地域のために役に立つ活動に参加し、これらに貢献することでまわりから認められたいとするニーズである。次世代に自分の知識や技能などを伝えたいといったものがこの例に入ろう。

④影響的ニーズ：自分の生活環境に影響を与えたい、生活の主体でいたいというニーズである。歪んだかたちでこのニーズが表現されると社会的特権を高齢者が独占してしまうことにつながりうるが、教育的に開かれると、学習活動に主体的に取り組んでいく原動力にもなる。

⑤超越的ニーズ：高齢期を迎えると、身体的能力が低下したり、人生の有限性が自覚されたりしやすくなる。こうした制約条件を乗り越えたいというニーズである。高齢者が古典や歴史、芸術などの悠久なものに関心を示しやすいのも、このニーズの証左だといえよう。

（d）**高齢期の発達特性としての「つながり」へのニーズ**

　マクラスキーが提起した五つの教育的ニーズ以外にも、高齢期に顕著となる教育的なニーズは存在するのであろうか。ここでは、「つながり」へのニーズという視点を紹介したい。すでに触れたように、高齢期になると生理的能力の

低下や社会的役割の減少（退職・子離れなど）といった、多くの「喪失」の事実を経験する。

　しかしこの喪失したものの中には、配偶者、親友、職場、社会的地位など、その人のそれまでの人生における心の拠り所であったものもあろう。こうした部分の喪失はその人を孤立状態に追い込む可能性があるだけに、これらに代わる新しい「つながり」が必要となる。ここでいう「つながり」の中には、他者や社会とのつながり、未来や過去とのつながりなどを含むが、教育的にみて特に重要となるのは、人間関係上のつながりとその人の人生の物語としてのつながりであろう。以下、これら二つの側面に注目していく。

　① 高齢期における人間関係の再構築の問題

　高齢期の喪失の事実の中で最も重要となるのは、おそらくそれまでその人が社会的ネットワークを編み、社会的サポートを受けてきた「重要な他者」との関係の喪失の問題であろう。そうした関係性の再構築は、高齢期における孤立状態を回避し、精神的な健康状態を確保するうえで非常に重要となるといえる。したがって高齢期における人間関係の再構築の問題は、高齢期における発達上の重要な教育的ニーズだともいえる。

　たとえばロバート・ハヴィガースト（Havighurst, R.J.）は、その発達課題論にて、「同世代の友人をつくること」を児童期・青年期および老年期の課題に据えていた。つまり小学生時代に友人と仲よくするという、一見当たり前の課題の達成は、じつは高齢期においては、新たな装いをまとった課題として、より大きな重みとともに立ち現れてくるのである。

　またこれまで多くの高齢者大学での受講者調査においては、「そこで多くの友人を得られた者ほど、高齢者大学に対する受講後の評価も総じて高かった」という知見が示されている。つまり高齢者向けの集合的学習の場にあっては、学習内容よりもそこでの人間関係の再構築のほうがより重要となっていたということである。換言すれば、高齢者の学習支援にあっては、学習者同士の人間関係再構築というニーズを満たすことが重要となるということでもあるのだ。

　② 回顧へのニーズとライフ・レヴュー

　何人かの老年学者は、高齢者が自分の過去を振り返ることは重要な発達上の課題だと説いた。高齢者の教育的ニーズの中には回顧へのニーズ

(contemplative needs) もあるという主張もあるが、今日ではこの視点は主に、ライフ・レヴュー（life review）や回想法の問題として広く扱われるようになってきている。

　高齢期の者がその過去を振り返ることの教育的意義としては、
　①個人の人生の物語の再編成・再構成
　②人生の意味づけ
　③生活満足度の向上
　④高齢期の喪失の事実への対処能力の涵養
という点が指摘できよう。高齢者のそれまでの人生が多くの散在した断片ではなく、つながりと意味の感覚の中で統合されえたとき、未来と現在への希望も芽生えてくるであろう。今日では過去に流行ったモノや映像、あるいは過去の映画や町並みの再現を通じて、高齢者に生き生きとした感覚を蘇生させる教育的試みがなされ出してきている。

第3節　高齢者への学習支援のプログラム－高齢者大学の視点を中心に－

　高齢者の発達特性と学習支援の理論的な議論とともに、実際にいかなる学習プログラムを提供するかが、次の大きな課題となる。今日では高齢者教育のプログラムは、たとえば高齢者大学やシニア大学、公民館の高齢者教室・学級などの場で、開発され実践されている。また欧米では、「第三期の大学（the University of the Third Age）」という総称のもとに、大学開放型の中高年層の学習の場が普及してきている。以下のところでは、内外の主な高齢者学習の場の内実を、高齢者の特性と学習支援の視点から点検していきたい。

（a）日本の高齢者大学（老人大学）における実践

　日本では、高齢者の学習機会としては、公民館での高齢者教室・学級や老人クラブなどの団体での学習とともに、全国的に普及している高齢者大学（老人大学あるいはシニア大学）という、集合的学習機会が注目される。日本の老人大学の淵源は、1954年に長野県伊那市のお寺で小林文成によって開設された楽生学園にあるとされている。そこでの学習は談話的ではあったが、高齢者が教養を通して現代社会とのつながりをもつことがねらわれていた。

現在、日本の高齢者大学の中で最大規模を誇る兵庫県いなみ野学園では、高齢者大学講座1,856名、地域活動指導者養成講座163名、大学院97名の受講者に加えて、兵庫県高齢者放送大学に3,123名が在籍している（2008年度；受講資格は60歳以上）。講座内容は**表4-2**の通りで、ここでは、園芸・健康福祉・文化・陶芸という領域を軸に学習内容が編まれている。

　また兵庫県東部の西宮市高齢者大学（宮水学園）も同様の大規模な高齢者大学であるが、ここでも募集定員2,400名と、多くの市内在住の高齢者（60歳以上）への学習機会が提供されている。講座内容では、「教養・くらし・音楽・

表4-2　兵庫県いなみ野学園の高齢者大学講座の内容（2008年度）

	学科	学習目標	学習内容	定員
教養講座	各学科共通	地域活動の実践者として必要な一般教養を習得する	高齢者の生涯学習、福祉および社会参加、現代社会の動き、文化、宗教、健康、人間関係、その他	440名
専門講座	園芸学科	園芸に関する知識技術を習得し、あわせて地域社会の発展に寄与する能力と態度を養成する	栽培の基礎、病害虫防除、土と肥料、園芸作物の栽培とガーデニング、庭木の手入れ、庭の設計と鑑賞、草花・野菜・果樹各コース別実習、その他	100名
	健康福祉学科	健康と福祉に関する学習を通じて日常生活を見直し、地域社会の発展に貢献する態度を養う	高齢者の健康管理、疾患、スポーツ・レクリエーション、衣食住、精神衛生および社会参加、人間関係、社会福祉、ボランティア活動、看護・介護、カウンセリング、その他	200名
	文化学科	文化に関する教養を深め、趣味と生活を充実するとともに、学習成果を地域社会の発展に活用する	文学、宗教、思想、歴史、芸術、地誌、民俗学、地域文化、伝承文化および世界の文化、その他　3・4年生は3学期全期間自主学習とし、学習研究発表会を行う	100名
	陶芸学科	作陶の喜びを味わい、陶芸に関する学習と教養を深め、その成果をもって地域社会の発展に寄与する	陶芸の歴史と鑑賞、作陶、釉薬、焼成、その他	40名

国際文化・美術鑑賞・絵画・ふるさと・芸術・園芸・生物・体育・すこやか・体力アップ・文学・書道・環境・政経・歴史」の 18 コースが設けられている。実技的内容と教養的内容とが混在していることがわかる。

さらに大阪府高齢者大学（2005 年度、1,454 名、60 歳以上）では、「福祉・園芸・陶芸・手芸（ハンドクラフト）・保健体育・上方演芸・英語・レクリエーション・美術・歴史と考古学・生活科学」という 11 の領域が設けられていた。大阪市いちょう大学（2008 年度、195 名、60 歳以上）では、大阪関連の「文学・美術・歴史・音楽文化・芸能文化」の 5 領域が設けられていた。

これらの都市型の高齢者大学での学習の特徴として、次のような点があげられよう。

① 学習領域としては、教養系と実学系を兼ね備えるところが多い。これらの内容は大きく、「悠久な内容を扱ったもの」（歴史、文学、芸術など）、「健康系のもの」（健康福祉、体力づくり、レクリエーションなど）、「現代社会とのつながりに関連するもの」（国際交流、外国語、政治経済など）、「土にふれる学習」（園芸、陶芸、地域散策など）という区分ができそうである。

② 学習方法では、講義形式と実習形式が併用されることが多い。多くの高齢者大学では、学園祭やクラブ活動、同窓会活動なども盛んで、受講者同士の交流や人間関係の再構築の場として機能していることが多い。なお、これまでの調査研究からの知見では、そこで構築された友人関係の量とポジティヴな評価との間には正の相関関係があることが示されている。

③ 講師や指導者には外部講師が多く、受講者が講座の指導者になるケースは少ない。受講者には、居住地域でのリーダーとしての活躍が期待されている場合が多い。しかし、欧米では受講者をリーダーに育てるプログラムも示されている。

（b）第三期の大学の理念と事例

人生の第三期とは、主に仕事や子育てなどの社会的生産性の時期（第二期）と、依存性の強まる後期高齢期（第四期）との間の時期で、個人的な自己実現に向かう活動が行われやすい時期だといえる。主に 50 代から 70 代前半までの時期と重なり合うことが多いが、人生のこの時期の者を主たる対象層とした大

学のことを「第三期の大学」とよぶ。第三期の大学は、1972年にフランスのトゥールーズで誕生したが、今日ではヨーロッパ全土からアメリカ・カナダ・オセアニア諸国にまで普及してきている。既存の大学の開放と結びついたフランス型のものと、地域のシニア層のネットワークを重視し既存の大学の建物にこだわらないイギリス型のものの2タイプがある。日本の高齢者大学と異なる点は、50代あたりの層から参加が始まっている点や、高等教育との連携が強調されている点などであろう。発達特性という点からみても、人生の第三期を自己実現の時期と位置づけたうえでの学習という点で、学習観・発達観での違いがうかがわれる。

　伝統的な大学の一環として存在する「第三期の大学」の例としては、スコットランドのグラスゴーにある、ストラスクライド大学（University of Strathclyde）のシニア大学部の実践例を紹介したい。この大学では、50歳以上の人びとのための大学拡張部を伝統的大学の中に置き、250個のクラスと3,000名以上のシニア学生を抱えている。その理念としては、生涯学習・社会貢献・相互交流・調査研究の四つがあげられている。

　学習内容は、「芸術（陶芸・絵画）」「映画と音楽」「健康福祉」「情報」「外国語」「文学・戯曲」「地域の歴史」「時事問題」「作文」などで、毎年新しい学習領域が開拓されている。これらは日本の高齢者大学の内容とも近いものであるが、この第三期の大学ではさらに、再就職の斡旋、ボランティア活動、正規の大学授業への参加、高齢者劇団の活動なども行っている。

　オーストラリアでは、メルボルン・シティの第三期の大学（U3A City of Melbourne、1984年設立）が注目される。そこでは、800名以上のメンバーが、自己決定（self-determination）とセルフ・ヘルプ（self help）の原則のもとに、自発的なかたちで学習活動に取り組んでいる。学習コースには、「外国語」「多文化理解」「文学とブック・トーク」「時事問題」「音楽」「絵画」「園芸」「チェス」「体育」「コンピュータ」「ワイン講座」などがある。新しいコースが、メンバーのなかのボランティアによって提供される場合もある。指導者の多くは、退職前にある専門領域に深く関わった参加者であり、その人たちは、また別のコースでは学生になっている。

　一方日本では、少子化と団塊世代の高齢化、大学の定員確保問題などの影響

ともからみ合って、いくつかの大学がシニア向けに大学開放を進めている。たとえば高知大学では、「シニア・サマーカレッジ」という、地域の自然と伝統をテーマとした、50代以上向けの講座を開設した。東京経済大学では、52歳以上を対象としたシニア大学院を開設し、関西大学ではシニア住宅と連携した大学教育を開設した。日本では、既存の大学のシニア開放というかたちで、第三期の大学の事例が増えてきているようである。

第4節　高齢者の学習支援をめぐる課題

　今日の高齢者への学習支援の問題は、従来の高齢者教育論とはやや様相が異なってきている。つまり第一に、第三期の大学やエルダーホステル活動などのように、50代を中心とするプレ高齢期の人びとにとって、生涯学習がサクセスフル・エイジングや自己実現に有効なものだとされてきた点である。団塊世代の高齢化と相まって、50代・60代の層の学習支援のあり方が重要となってきているのである。高齢期の生きがい創出のためには、単なる余暇活動の充実だけではなく、学習活動や社会参加活動を通した、自己と他者とのつながりのなかで高まっていくという側面が肝要となるといえよう。

　第二に、平均寿命の延伸と相まって、75歳以上、あるいはいわゆる後期高齢期の人びとにとっての学習のあり方が模索され出してきているという点である。認知症の者に対する回想法や高齢者養護施設での残存能力の活性化など、福祉や医療活動と一体化した学習の可能性も注目され出してきている。

　したがって高齢者の学習支援の問題は、今日では、従来の対象層に加えて、50代を中心とする「第三期（前期）」と、後期高齢期／「第四期」との学習の問題を考える、三層的な高齢者支援論が必要になるかと思う。つまり欧米の第三期の学習論が提起した層と、従来の日本の高齢者教育が主たる対象としてきた層との間には若干のずれがあり、**表4-3** に示すように、高齢者学習支援の多面性への理解が今後重要になってくるということである。

　ところで人生第四期の者への支援の問題は、これまでそして今日においても、多くの場合、福祉や介護の問題として考えられてきている。はたしてそこに教育や学習、あるいは発達という概念を組み込む余地はあるのだろうか？　この問題の根底には、そもそも高齢者にとっての学習や教育とは何なのか、そして

表 4-3 高齢者への学習支援の三層構造

	第三期前期 （プレ高齢期）	第三期中期以降	第四期
主たる年齢層	50〜60代	60〜70代	75歳以上
この時期の主な特徴	・退職後の準備 ・職業・家庭生活が一段落、もしくは継続中 ・体力的に充実していることが多い ・高齢者としての自覚はあまりない	・従来の高齢者教育の主たる対象 ・退職後 ・職業・家庭生活が一段落 ・老いを感じつつも元気だと自覚する ・高齢期と中年期の自覚が混合	・高齢期の生活の中を生きる ・社会参加活動はやや抑え気味に ・老性自覚の顕在化 ・依存的側面が顕在化してくる
この時期における学習の特徴	・自己の新しい側面の発見 ・自己実現活動 ・老後に備えての準備活動 ・新しい学習活動への挑戦	・高齢者の特性を活かした学習 ・退職にともなう生活構造の再編成 ・人間関係の再構築 ・過去と未来へのつながりをもつ学習	・学習や活動の範囲の限定 ・生理的機能低下への補助のともなう学習 ・自己の内面世界の充実化
具体例	第三期の大学、エルダーホステル、退職準備教育	高齢者大学、シニア大学、高齢者教室・学級	高齢者養護施設での学習、地域の団体での交流

（注）・あくまでの目安であり、現実にはこれに該当しない例も多い。
　　　・第三期は、仕事や家庭管理、子育てなどが一段落ついた時期、第四期は、依存性が増し老いの実感がともなう時期で、厳密にいうならば、年齢とは直接対応しない。

それは何を目指すものなのかという根源的な問いかけがある。青少年や成人に対しては、多くの場合人生の先輩である教師や指導者によって、一定の知識や技能を教え、以降の生活の充実につなげるという発想が成り立つ。

しかし高齢者に対しては、それまで「当たり前」とされてきたこうした教育観・学習観は、必ずしも成り立たない。高齢者教育では多くの場合、指導者のほうが年下であり、進学や昇進、資格、就職などのために学習が行われることはあまりない。つまり、生涯学習の完成期である高齢期の学習支援の問題を議論することは、一方で、一般に流布している教育観・学習観そのものの問い直しにつながるのである。

教育（education）のもともとの意味は、「個体の内にかくされた可能性を引き出す」ことであって、教えること（teaching）とは本来異なる概念である。学習（learning）の原義が「学ぶこと」ではなく「経験による行動の変容」であることとも合わせて考えるならば、こうしたより根源的な意味からの教育観・学習観にまで立ち返らないと、高齢者への学習支援の問題は深まっていかないように思える。その意味では、高齢者への学習支援の問題は、人間観そのものの問い直しにまでつながっているといえよう。

【引用・参考文献】
（1）内閣府編『高齢社会白書（平成20年版）』、2008。
（2）堀薫夫『教育老年学の構想』学文社、1999。
（3）堀薫夫編『教育老年学の展開』学文社、2006。
（4）堀薫夫・三輪建二『生涯学習と自己実現』放送大学教育振興会、2006。
（5）日本社会教育学会編『高齢社会における社会教育の課題』（日本社会教育学会年報第43集）東洋館出版社、1999。
（6）アッチェリー, R. 他『ジェロントロジー』（宮内康二他訳）きんざい、2005。
（7）Sherron, R.H., & Lumsden, D.B.(eds.), *Introduction to Educational Gerontology* (3rd. ed.), Heimisphere, 1990.

第 5 章　地域生涯学習の振興

第 1 節　生涯学習の現代的課題

　1997 年にドイツのハンブルクで開催されたユネスコ国際成人教育会議でまとめられた「ハンブルク宣言（1997 年、ユネスコ国際成人教育会議）」は、持続可能な社会を再構築するためには、自らの生活環境に直接コミットして生きる能動的市民形成こそ世界的命題であるとの認識のもとに、今後の成人教育には、「単に知識の受け渡しにとどまらず、地域社会自体の資質を向上させる行動へ踏みだす力につながること」(1)が必要であると指摘している。わが国の生涯学習政策もまた、一面では資格・免許の修得や趣味・教養といった個人の資質向上といった自己実現を支援する側面と、他方では地域社会の課題に積極的に参画する市民の形成を志向する側面の両面を合わせもって進められている。

　経済社会が成熟しライフスタイルが多様化するにつれて、地方公共団体や個人、家庭だけでは解決できない問題が生じている。地域の活動に関わるボランティアなどの諸団体は、行政や企業などが対応しえていない社会的サービスをカバーすることで、地域の生活をより豊かにすることに貢献しているし、同時に、そのような活動に参加している人びとにとって活動に参加すること自体が自己実現につながり、みずからの生活自体を豊かなものにしているといえる。

　わが国において、市民の社会参加、社会貢献活動が社会現象として一挙に表出したのが、1995 年の阪神淡路大震災後の市民によるボランタリーな支援活動の展開であった。震災直後の地方自治体の行政機能がマヒした状況で、自発的な市民の救助、支援活動、その後の息の長い支援活動を通じて、それまでの行政に依存して「やってもらう」意識から、行政から自立し必要に応じて「行政と協働」して自らの生活を豊かなものにしようとする意識が全国的に広がっ

てきたといえる。それは、行政的公共性から市民的公共性への転換といい表すことができる。

　こうした地域住民の主体的な参画による相互扶助の信頼関係を形成することが、今日、目指されるべき地域社会の姿といえよう。言葉をかえていえば、人と人のつながりを実感しながらくらしに必要なサービスの提供を受けるという豊かなソーシャル・キャピタルの形成を目指すことであり、そのためには貨幣経済に依拠して物質的豊かさの追求に第一義的価値を置く生き方から、人と人の協同的関係を大切にする生き方への転換が求められているのである。

　こうした協同的人間関係を形成するには、さまざまな方法・アプローチが考えられるが、どのような方法・アプローチであったとしても、協同的関係構築を指向する意識的働きかけ（教育）と人びとの意識の転換（学習）を促進するという働きかけがみられる。こうした働きかけは、地域の生涯学習振興と密接に結びついている。

　「改正教育基本法」（2006年12月）第17条に基づいて作成された「教育振興基本計画」では、四つの基本的方向の第一番目に「社会全体で教育の向上に取り組む」ことがあげられている。そのために、今後、5年間（2008～2012年度）に取り組むべき施策として、
　①学校・家庭・地域の連携・協力を強化し、社会全体の教育力を向上させる
　②家庭の教育力の向上を図る
　③人材育成に関する社会の要請に応える
　④いつでもどこでも学べる環境をつくる
という四つの施策が取り上げられている。①については、たとえば学校支援地域本部の設置、②については、子育て支援ネットワークの充実など近年のさまざまな家庭教育支援策として、③では大学・専修学校などと地域社会との連携によるキャリア教育の支援として取り組まれている。他方、④で取り上げられているものの多くは、これまで社会教育として取り組まれてきた地域の教育・学習支援と重なっている。そこでは、次のような六つの具体的施策が提示されている。
　・図書館・博物館の活用を通じた住民の学習活動や個人と地域の自立支援の推進

・公民館等の活用を通じた地域の学習拠点づくり
・持続可能な社会の構築に向けた教育に関する取組の推進
・人権教育の推進、社会的課題に対応するための学習機会の提供の推進
・地域における身近なスポーツ環境の整備
・「学び直し」の機会の提供と学習成果を社会で生かすための仕組みづくり

　これらの6項目を含め、「社会全体で教育の向上に取り組む」ことが、今後5年間の生涯学習振興の中心的テーマとして提示されている。しかしながら、よく考えてみると、これらの施策は、今日、突然提示されたものではなく、1980年代以降、わが国の生涯学習振興策の中で掲げられてきた施策であった。

　以下では、「地域(コミュニティ)形成」「まちづくり」という視点から、わが国の生涯学習振興策を振り返り、地域生涯学習振興(計画)にあたっての留意点を検討することにしよう。そのことは、今後の生涯学習振興策の推進や振興計画を策定するにあたり、有効な視点を提示することになると考えるからである。

第2節　地域生涯学習の振興

(a) 生涯学習施策の展開

　わが国では1970年代以降、多様化・高度化する国民の学習要求に応えるために、広域的・総合的な学習支援や学習成果の活用による社会参加を促進するなどの生涯学習振興政策が展開されるようになった。1981年6月に文部大臣の諮問機関である中央教育審議会(以下,「中教審」と略す)から提出された答申「生涯教育について(1981年、中教審答申)」は、政策課題として、「今後、一人一人の学習活動が単に個人生活の充実のためのみにとどまらず、各人がその成果や能力・経験を生かして、地域社会に寄与し、そこに愛着を持ち、生きがいを見出せるような社会参加の機会の拡充を図ることが望まれる」と指摘している。

　わが国の生涯学習振興の枠組を規定したのが、1990年6月に制定された生涯学習振興法である。この法律の第3条は広域的観点から都道府県の教育委員会の生涯学習振興事業について、以下のように規定している。

一　学校教育及び社会教育に係る学習（体育に係るものを含む。）並びに文化活動の機会に関する情報を収集し、整理し、及び提供すること。
二　住民の学習に対する需要及び学習の成果の評価に関し、調査研究を行うこと。
三　地域の実情に即した学習の方法の開発を行うこと。
四　住民の学習に関する指導者及び助言者に対する研修を行うこと。
五　地域における学校教育、社会教育及び文化に関する機関及び団体に対し、これらの機関及び団体相互の連携に関し、照会及び相談等に応じること。
六　社会教育のための講座の開設等、住民の学習の機会の提供に関し必要な事業を行うこと。

また、第5条では、「地域生涯学習振興基本構想」について規定している。「地域生涯学習振興基本構想」とは、都道府県が、当該都道府県内の特定の地区において、当該地区およびその周辺の相当程度広範囲の地域における住民の生涯学習の振興に資するため、社会教育に係る学習（体育に係るものを含む。）および文化活動その他の生涯学習に資する諸活動の多様な機会の総合的な提供を民間事業者の能力を活用しつつ行うための計画である。「地域生涯学習振興基本構想」については、「近年、所得水準の向上、自由時間の増大、高齢化の進行等に伴い、学習自体に生きがいを見出すなど人々の学習意欲が高まっているとともに、科学技術の高度化や情報化・国際化の進展により、絶えず新たな知識・技術を習得する必要が生じている」という状況の中で、

> 「これに応え、高度かつ多様な生涯学習に係る機会を全国的に提供されるようにするため、都道府県が、特定の地域において、教育・スポーツ・文化事業の重点的実施を行うことなどにより、民間事業者を当該地区に誘導し、地方の住民が高度かつ多様な内容の教育・スポーツ・文化事業に触れることが可能な機会を整備するものである」

と説明されている。[2]

1992年7月に提出された生涯学習審議会（以下、「生涯審」と略す）答申「今後の社会の動向に対応した生涯学習の振興方策について（生涯審）」は、今後、目指すべき生涯学習社会の方向として、学習成果を職場、地域や社会で生

かすことを提言している。さらに、1999年6月に提出された生涯学習審議会答申「学習の成果を幅広く生かす（生涯審）」においても次のように指摘している。

> 地域社会での様々な課題を解決するためには、国や地方の行政に依存するばかりでは効果的できめ細かな対応は難しい。住民の一人一人が、それぞれのニーズに応じて、問題解決を目指して学習し、積極的に地域社会に関わっていく姿勢をもつことが必要になっている。

このように、個人の自己実現とともに、学んだ成果を地域社会のほかの人びとの支援に生かしていくことが生涯学習の課題として繰り返し提起されているのである。

（b）地域生涯学習振興と「まちづくり」

1980年代以降の生涯学習施策の展開の中で、「生涯学習のまちづくり」[3]が提唱されるようになった。「臨時教育審議会第3次答申」（1987年4月）は、次のような見解を示している。

> 「生涯学習社会にふさわしい本格的な学習基盤を形成し、地域特性を生かした魅力ある活力ある地域づくりを進める必要がある。このため、各人の自発的な意志により、自己の適した手段・方法を自らの責任で選択するという生涯学習の基本を踏まえつつ、地方が主体性を発揮しながら、まち全体で生涯学習に取り組む体制を全国的に整備していく」

1988年度から始まった生涯学習モデル市町村事業には、1994年度までに1,243市町村中360市町村（29.2％）がモデル市町村事業を実施している[4]。

その事業内容は下記の10項目が含まれていた。
①学社連携による生涯学習のまちづくり
②学習情報提供・相談事業による生涯学習のまちづくり
③ボランティアによる生涯学習のまちづくり
④学習サークルによる生涯学習のまちづくり
⑤学習プログラムの開発・実践による生涯学習のまちづくり
⑥勤労者の学習機会の拡充による生涯学習のまちづくり

⑦生涯学習を進める住民大会の実施による生涯学習のまちづくり
⑧地域ぐるみの住民運動の実施による生涯学習のまちづくり
⑨施設のネットワークづくりによる生涯学習のまちづくり
⑩その他、各市町村の生涯学習推進に適切と思われる事業

地域の人びとの自発的・主体的な参加によるボランティア、学習サークル、住民運動などが活発に行われることが生涯学習のまちづくり、地域づくりに結びついているのである。同時に、これらの事業は地域の人びとが自発的・主体的に地域社会に参加することに価値を見い出すように意識転換を図ることによるまちづくり、つまり、生涯学習を通して住民が主体的に参加するまちづくり、という面も含んでいる。

(c) 地域生涯学習・社会教育施設の現状

生涯学習はもともと生涯の全段階と生活の全領域における学習にかかわるために、その基盤の整備は、特定の教育機関や関係施設だけでは対応することができない。

表5-1は、今日、地域社会に設置されている主な生涯学習・社会教育施設を示したものである。地域社会には、文部科学省のみならず、厚生労働省、総務省等が所管する多様な地域施設が存在している。これらの地域施設は、くらしと労働・余暇にかかわって、地域の人びとの出会いと学びの「場」となっている。

1980年代後半から本格化してきた地方分権改革の流れが、こうした地域生涯学習・社会教育施設の設置・運営に変容をもたらしている。地方分権改革の流れは、1995年6月の「地方分権推進法（1995）」成立（5年間の時限立法）で一気に加速化したといえる。社会教育・生涯学習分野については、地方行政の総合化、人事交流を含めて首長部局との連携・協力が特に強調されてきたが、「地方分権推進委員会第2次勧告」（1997年7月）では、社会教育（生涯学

表5-1 社会教育・生涯学習施設数

		文部科学省／文部省 [注1]					自治省／総務省 [注2]
		公民館	図書館	博物館	社会体育施設（首長部）	民間体育施設	集会施設
2005	17	17,143	2,955	664	48,055 (17,306)	16,780	176,244

（注1）文部科学省／文部省所管施設に関しては、『社会教育調査報告書』昭和30年度版～平成17年度版より作成。
（注2）自治省財政局指導課編『公共施設状況調』（昭和54年度～平成17年度）より作成。

習）・文化・スポーツ分野で必置規制の廃止・緩和が勧告されている。地方分権一括法による「社会教育法改正」(1999)、その後の「地方自治法改正」(2003) にともなう指定管理者制度の導入など、いわゆる自治体「改革」によるさまざまな施策が戦後の社会教育・生涯学習施設の骨格を大きく揺るがしつつある。

　コミュニティ施設である地域の社会教育・生涯学習施設は、このようなさまざまな問題状況に直面しているが、他方では、地域社会の変貌の中で、地域住民の社会参画の拠点として、同時に地域自治を担う主体形成の場として機能していることも事実である。

　すでに指摘したように、生涯学習は地域の生活の全領域に関係しているため、教育行政のみが担ってきたわけではない。そこで次に、地域生涯学習の振興と関連している自治省（現在の総務省）のコミュニティ施策、国土庁（現在の国土交通省）の地域開発施策をみておくことにしよう。

第3節　地域開発施策と地域生涯学習の振興

(a) コミュニティ政策

　1960年代以降の高度経済成長にともない、わが国は農村型社会から都市化社会へと急速な変容が進行する。こうした都市化の進行は「隣の人は何をする人ぞ」といった地域の人間関係の希薄化をもたらし、それにともないさまざまな問題が生じた。そうした状況に対して、1969年に国民生活審議会は「コミュニティ―生活の場における人間性の回復―（1969年、国民生活審議会答申）」という答申を提出した。この答申の中で、コミュニティとは「生活の場において市民としての自主性と責任を自覚した個人および家庭を構成主体として地域性と各種の共通目標を持った、開放的でしかも構成員相互に信頼感のある集団」と表現されている。

　このようなコミュニティを形成するための方策として、この答申は
　① 「行政」（行政における対応）
　② 「人」　（コミュニティ・リーダーの性格）
　③ 「施設」（コミュニティ施設）
という3点から検討している。

1971年に自治省でモデル・コミュニティ推進の担当者であった木村仁は、コミュニティは、住民の地域的な連帯感によって形成される人間集団であり、そこでの人間関係の基礎には、住民のフェース・ツー・フェースの関係があると指摘している。コミュニティのこの側面では、「住民の自主的、任意的、開放的なコミュニティ組織の形成と、コミュニティ活動の展開が重要である」と論じている。

　自治省が進めたコミュニティ対策は、近隣の物的生活環境の整備を重視するフィジカル・アプローチの手法であった。それは、下記のように示すことができる。

```
        コミュニティ施設の計画     ←〈住民参加〉
                ↓
        コミュニティ施設の管理運営 ←〈住民グループに委託〉
                ↓
        (1) 住民の地域連帯
        (2) 共同活動の促進
                ↓
        ┌──────────────┐
        │ コミュニティの形成 │
        └──────────────┘
```

　このコミュニティ形成の方法には、
　①行政はコミュニティの住民組織にはできるだけ関与しない
　②環境整備についての市町村の責任性と主導性
という二つの特徴が指摘できる。つまり、コミュニティ施設を媒介として地域住民の参加による自治的管理運営による住民主体のコミュニティ形成を展望するものであった。こうした展望を確実なものにしていくには、自然発生的な住民の参加に期待するのではなく、住民自治に主体的に参加する価値意識を形成する、あるいは、そのような意識転換を図る教育・学習活動と結びつく必要があった。公民館関係者が公民館こそコミュニティセンターであると主張したのは、コミュニティ形成における住民の教育・学習活動の重要性を認識していたからである。このような意味で、コミュニティ形成は、地域生涯学習の振興と深く結びついていたのである。同様なことは、国土庁の地域開発計画にもみることができる。

（b）**地域開発計画**

　1987年に制定された第4次全国総合開発計画は、長寿社会において生活を充

第5章　地域生涯学習の振興　　**81**

実させることを主要な施策として位置づけており、地域における生涯学習の振興を通じて地域の教育機会の充実、文化環境の向上を図ることが重視されていた。国土庁大都市圏調整局は高等教育・研究開発機能の適正な地域配置による地域活性化方策を検討するために、生涯学習に係わる課題について調査を行っている。その結果は『地域からみた生涯学習』（大蔵省印刷局、平成元年）として刊行された。このレポートでは、地域開発という観点から生涯学習振興が位置づけられていた。

　レポートでは、1980年代前半に、全国の都道府県・政令指定都市で制定された57件の総合計画・長期計画における生涯学習の位置づけを分析している。キーワード分析から生涯学習の取り組みは、

　　①「人」　　②「文化」　　③「生活・環境」　　④「まち・都市・社会」

という四つにまとめられると分析している。キーワードから生涯学習の取り組みは、「人づくり」「文化・教育の充実」など従来教育委員会が行っていた学校教育、社会教育の範囲から、やや広がった程度の位置づけが主流であると分析している。

　こうした現状分析に立ち、レポートでは地域活性化の観点から、従来実施されてきた個々の行政を総合行政の立場から再編成する必要があると論じている。地域に根ざした学習活動を地域ぐるみで実践することによって、市民は自己の向上意識および知的水準を高め、相互の交流を活発にする。「活力ある地域の創造」「ふれあいのある学習基盤の形成」を目指していくことが良好な生活環境をつくり、ひいては豊かな生きがいを得ることにつながるという意味で、生涯学習の施策は、コミュニティづくりと大きな関連をもつというのである。

　このレポートでは、生涯学習の拠点づくりを提唱している。学習拠点を構想するにあたり、学習圏という概念を取り入れている。学習圏とは、図5-1に示したように、一定地域の住民の学習要求や学習課題に応えるために、生活・人口レベルのまとまりを組み合わせた学習機会の配置のための地域領域を示す単位であった。

　以上、これまでみてきたように地域生涯学習の振興は、教育行政のみならず自治行政や国土開発行政などからも注目されてきた。このことは生涯学習が本来総合行政として取り組まれるという性格のものであることからすれば、当然

のことといえよう。総合行政として取り組まれる生涯学習振興計画の目指す方向は地域住民のくらしの向上であり、地域の問題を地域住民の協働によって対処していく地域づくりの実現である。

最後に、地域生涯学習振興計画にあたって、これまでの検討では触れることができなかった留意点について検討することにしたい。

第4節　地域生涯学習振興計画の留意点

(a) 地域社会計画の視点

地域生涯学習振興計画の留意点を検討するにあたり、ここでは、1970年代後半に、自治体レベルの地域社会計画を住民自治という観点から分析した社会学者の共同研究「地域社会計画の策定と実施に関する比較研究」（後に庄司興吉編『地域社会計画と住民自治』梓出版社、1985年として出版された）に注目したい。この共同研究グループの視点についてグループの中心である庄司興吉は次のように論じている。

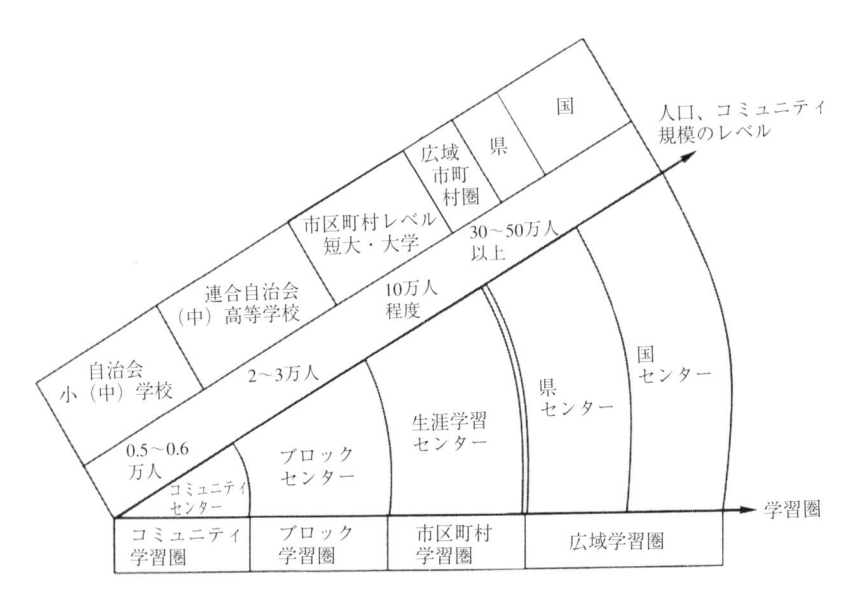

図5-1　（国土庁大都市圏整備局「地域からみた生涯学習」1989、p.152）

「建て前としての地方自治を実質化させていくものとして、1960年代いらい全国的に注目され、論じられ、試みられるようになってきたのが住民参加であり、地方自治体は、これを積極的にとりいれて上からの計画に内容的にも対抗すれば、地域社会計画を下からの、いわば総体化的な社会計画とすることもできる。もちろん、「3割自治」といわれてきたような状況のもとで、地方自治体が完全な意味で下からの、総体化的な計画あるいは計画化を実践することは不可能であるが、一つでも多くの地域社会計画がこの状態に近づいていけば、日本における社会計画の全体が総体化的なものになっていく可能性が生まれるのである。」[8]

ここでいわれている総体化的というのは、庄司興吉によれば、地域社会計画の主体を自治体とみなす上からの計画に対して対抗的で住民参加に積極的な社会計画のことである。その反対の極にあるのが、上からの計画に対して下請け的で住民参加に消極的な管理化的社会計画であると指摘している[9]。庄司は、社会計画は本来下からの社会形成、すなわち社会運動を前提にせずには考えられないのであり、究極的にはそれらによって提起され実現されていくものだということになるであろう、と論じている[10]。この庄司の指摘は、現代の地域生涯学習振興計画を立てるにあたっても考慮すべき視点であるといえる。

また、この共同研究の中で教育・文化を担当した宮島喬は、1970年代に展開される文化行政について、次のような危惧を表明している。

「教育や文化の行政を遂行するのに、政治的中立と合議制を原則とする「委員会」制がとられたことの意味は、やはりそれなりにただしく受けとめておかねばならない。仮に合議的ないし住民参加的な運営システムを欠いたまま、ないしそれらが不十分なまま、担当課が長部局におかれるならば、かえって首長や行政首脳の行き過ぎたイニシアティブが、「文化」の内容にバイアスをもたらし、その行政に「上から」の強引な方向づけを与えることにならないであろうか。」[11]

宮島は、文化・教育に関しては、住民の側の学習・創造あるいは参加の主体的姿勢なしに行政の施策が独り歩きしてはならず、計画づくりや施策の体系化において住民の創意と参加を最大限に図る、住民本位の考え方が大切であると論じている。宮島が紹介しているある県の社会教育課では、生涯教育のプログ

ラムを児童、婦人、高齢者などのライフサイクルに応じて詳細に作成する作業を進めているが、ここでは教えられるべき（学ぶべき）内容にまである程度踏み込んでの編成が試みられていたという。宮島は、学習へのニーズをこれから開発していこうというところから行政主導にならざるをえないのだろうが、行き過ぎの懸念もぬぐい去ることはできないと指摘している。⁽¹²⁾

（b）生涯学習振興計画のタイプ

宮島は、実際の教育計画づくりの進め方から、

① 統合型（行政が強力なリーダーシップをとって、施策に「上から」の方向づけを与え、地域住民の意識統合を直接・間接に目指すようなタイプ）
② 自治型（住民参加のルートを保証し、計画づくりにその意見を反映させ、実際の教育・学習の場でも住民のイニシアティブを尊重するタイプ）
③ 指導型（①と②の中間タイプ）の3タイプに類型化している。⁽¹³⁾

この宮島の類型化に倣い、生涯学習振興計画についても

（1）住民参加に積極的かどうか
（2）計画原案作成のために調査・学習活動を重視する傾向が強いか、それとも行政が作成する原案を承認する傾向が強いか

という二つの軸から図5-2のように四つのタイプに類型化できる。

宮島の研究に基づけば、1980年代前半の時期における岩手県金ケ崎町の生涯教育の取り組みは、当時の山路勝男町長の強力なイニシアティブにもとづいた「行政主導型」の地域生涯学習振興のタイプとして位置づけられる。他方、東京都中野区の取り組みは「住民参画型」のタイプといえよう。⁽¹⁴⁾ その他、近年の地域生涯学習・社会教育研究者が注目している、埼玉県蕨市、富士見市、東京都保谷市（現在の西東京市）東大和市、神奈川県川崎市の取り組み、⁽¹⁵⁾ 福島県飯館村、長野県栄村や喬木村などの取り組みも、⁽¹⁶⁾ 参画型のタイプといえよう。これら「行政主導型」と「住民参画型」の間には中間型として多様な形態がみられる。今日の自治体の多くは、このタイプに属するといえよう。それらの中には、住民参加が制度的に整えられているが、行政の作成する原案を審議し承認する傾向が強く、行政の下請け的な役割を担わされるタイプがある。このようなタイプは「形式的参加型」と呼ぶことにしよう。また、他方では調査・学習活動が組み込まれているが、いわゆる学識経験者やコンサルタント、

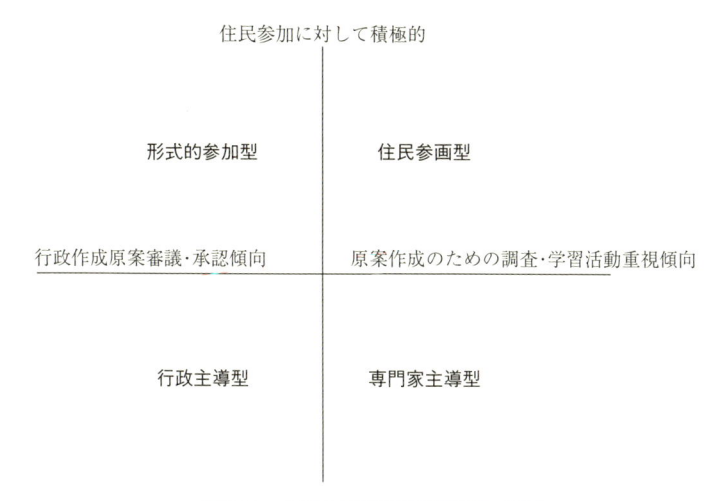

```
                    住民参加に対して積極的
                            │
    形式的参加型            │    住民参画型
                            │
                            │
行政作成原案審議・承認傾向  │  原案作成のための調査・学習活動重視傾向
────────────────────────────┼────────────────────────────
                            │
    行政主導型              │    専門家主導型
                            │
                            │
```

図 5-2　地域生涯学習振興計画の類型

シンクタンクの研究員など、専門家集団に委託するタイプである。このタイプは「専門家主導型」と呼ぶことにしよう。

今日、北海道夕張市にみられるように自治体財政が破綻すると、そのしわ寄せは地域住民のくらしに直接影響し、地域のくらしに必要な医療・保健、教育・文化などの社会的サービスを行政機関に依存できない事態が生じている。みずからのくらしを守っていくためには、地域住民がみずからの住む地域社会に関心をもち、主体的に地域づくり、まちづくりに参画していくことが必要になっている。地域住民による社会的サービスの管理運営という新しい公共の創出が求められている。住民自治を担う主体の形成が求められているのである。

このようにみてみると、住民が地域生涯学習振興計画づくりに参加し、参加を通して地域の実態調査を実施し、そのデータに基づき地域課題に気づき、その改善、改革の道を探るという学習のプロセスが組み込まれている住民参画型が、われわれが目指すべき地域生涯学習計画づくりであるといえよう。住民の主体的な学習や活動への意欲の昂揚こそが、生涯学習振興計画を本来の軌道に位置させうるからである。そういう意味で、地域生涯学習振興計画づくりにおいて、住民自身の自己覚醒と参加の行動が決定的に重要な意味を帯びてくるといえよう。

【引用・参考文献】

（1）末本誠・松田武雄編著『生涯学習と地域社会教育』春風社、2004、p.216。
（2）岡本包治他編著『生涯学習推進計画』第一法規、1991、p.127。
（3）岡本包治・池田秀男編『生涯学習まちづくり』〈生涯学習講座2〉第一法規、1989、p.57。
（4）総務庁行政監察局「生涯のいつでも自由に学べる社会を目指して」1996、p.21。
（5）木村仁"コミュニティの建設"「現代のエスプリ68号」至文堂、1973、p.109。
（6）国土庁大都市圏調整局編『地域からみた生涯学習』大蔵省印刷局、1989、p.45。
（7）同上、p.151。
（8）庄司興吉『地域社会計画と住民自治』梓出版社、1985、p.28。
（9）同上、p.28。
（10）同上、p.31。
（11）同上、p.271。
（12）同上、pp.272-273。
（13）同上、p.274。
（14）同上、第8章（第3節、第5節）参照。
（15）松田武雄『現代社会教育の課題と可能性』九州大学出版会、2007、第12章参照。
（16）島田修一・辻浩編『自治体の自立と社会教育』ミネルヴァ書房、2008。

第6章　学習プログラム編成の原理

第1節　学習プログラムの概念

(a) 学習プログラムの新しい概念

　本章で学習プログラム編成の原理を述べるにあたり、まず「学習プログラム」の概念を明確にしたい。なぜなら学習プログラムの概念を調べてみると、実践においてはその理解に混乱があるとの指摘があり、また研究においても概念規定にはさまざまなものがあり、十分なコンセンサスが得られているとはいえないためである。

　ここでは学習プログラムを「学習活動のアイディアの発想から、学習目標の設定、学習内容・方法の選択などの学習活動計画、学習活動の展開、評価、及び学習援助・学習継続の手だてなど、相互に影響を及ぼし合う複数の構成要素の有機的統一体」と捉える。この定義は学習プログラムを学習活動の展開に先立つ学習活動計画のみと捉えるのではなく、学習活動の展開や評価を含む概念と捉える広義の定義である。学習プログラムを有機的統一体とするのは，学習プログラムはそれを取り巻く環境からの影響を受けつつ形成される、一つのオープン・システムとみなすことを意味している。

　さらに学習プログラム編成という用語を用いる場合、ここではそれを「複数の構成要素からなる学習プログラムを意味ある統一体としてまとめる作業」と捉える。編成という語はもともと、編み作り上げること、組織し形成することを意味しており、計画と同義ではない。ここでは上記のように学習プログラムを広義に捉えるため、学習プログラム編成には当然、計画に関する作業のみではなく展開や評価に必要となる諸作業も含まれる。

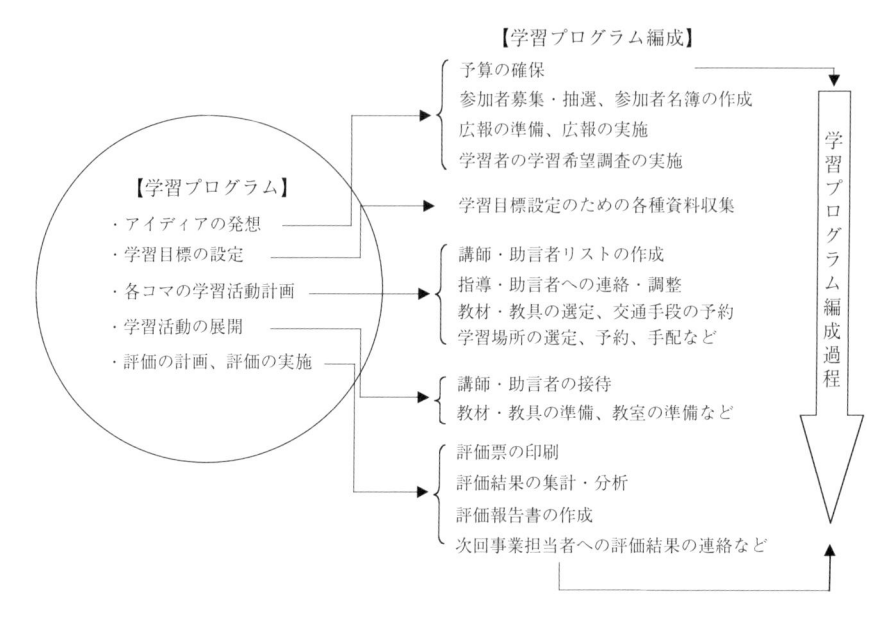

図6-1 学習プログラム、学習プログラム編成、学習プログラム編成過程の関連図

【学習プログラム】
・アイディアの発想
・学習目標の設定
・各コマの学習活動計画
・学習活動の展開
・評価の計画、評価の実施

【学習プログラム編成】
予算の確保
参加者募集・抽選、参加者名簿の作成
広報の準備、広報の実施
学習者の学習希望調査の実施

学習目標設定のための各種資料収集

講師・助言者リストの作成
指導・助言者への連絡・調整
教材・教具の選定、交通手段の予約
学習場所の選定、予約、手配など

講師・助言者の接待
教材・教具の準備、教室の準備など

評価票の印刷
評価結果の集計・分析
評価報告書の作成
次回事業担当者への評価結果の連絡など

学習プログラム編成過程

　それでは具体的に展開や評価段階の学習プログラム編成には、いかなる作業があるのだろうか。図6-1に示すように、たとえば学習活動展開中の講師・助言者に対する湯茶サービスなどの接待や、学習活動展開の教材・教具、教室の準備などが上げられるであろう。さらに評価段階の作業としては、評価を実施するための調査票の印刷や、評価実施後のデータの整理・入力・分析、評価結果に基づく報告書の作成などが上げられる。それらはすべて、展開および評価段階の学習プログラム編成の具体例である。

（b）**学習プログラムを広義に解釈する理由**

　なぜ上記のようにここでは、学習プログラムを学習活動計画とのみ捉えるのではなく、学習活動の展開や評価を含む概念として位置づけようとするのだろうか。

　その理由の第一は、本来、教育・学習活動は計画、展開、評価が一連かつ不可分の活動であり、おのおのを切り離してそのあり方を検討することはできないと考えるためである。たとえば学習活動の展開は、その前段としての計画を

基にして実施される。同様に評価は、計画段階における評価計画や学習活動の展開結果を踏まえて実施される。学習プログラムを広義に捉えることは、実際に計画、展開、評価を不可分の活動として実施する社会教育や生涯学習の学習プログラムの実践に対応した視点に立つことを意味している。筆者はその視点に立つことが、学習プログラム編成を検討する際の基本的視座になると考える。

　第二の理由は、第一の理由とも関連するが学習プログラムを広義に捉える視点に基づく検討によって、学習プログラム編成に必要となる限りある学習資源を有効に活用することが可能になるためである。いうまでもなく学習プログラムの実現には、時間を含めた限りある学習資源の最適化を図る必要がある。ところが学習プログラムの計画、展開、評価を別々に分けて検討するなら、その最適化は十分に実施できないと予想される。以下では具体例を上げて検討してみることにしよう。

　学習プログラムの実施にあたっては冒頭で述べたようにさまざまな環境の影響によって学習プログラムを当初の計画通りに展開できない場合がある。そうした不測の事態は、オープン・システムである学習プログラムにはきわめて頻繁に生じる事象である。不測の事態とは、たとえばあるコマの講義を担当予定の講師が体調不良によって突然、担当不可能になるとか、自然災害の影響で受講者が集まることができず、予定していたグループ学習が実施できなくなるといった状況が生じることを意味している。その場合、状況の変化への柔軟かつ適切な対処が求められるが、その対処は計画、展開、評価を分断する検討からは生まれない。反対に計画、展開、評価を総合的に検討する学習プログラム編成によって最適な対処が可能になる。たとえば、あらかじめ不測の事態に備えて第2案・第3案を準備するといった学習活動の代替案を計画段階から検討するとか、学習プログラム編成の予算的・時間的ゆとりを確保して展開や評価に取り組むなどによって、適切な対処が可能となる。上記の例でみれば急遽代役の講師を立てたり、グループ学習に代わる少人数学習への変更が実現するであろう。

　第三の理由は、学習プログラムの評価はその実施によって一連の教育・学習活動が終了することを意味するものではなく、次なる教育・学習活動の計画へとつなげ、生かすために実施するものであるためである。評価には学習者に

とっての到達目標の達成程度を明らかにする学習成果の評価と、学習支援の条件整備の程度を明らかにする事業評価が含まれるが、そのいずれの評価結果も次なる学習プログラムに生かされる。その意味で、評価と学習プログラムの計画とは不可分の関係にある。

学習プログラムの評価を考える場合、筆者は P-D-S（Plan-Do-See）サイクルの一部として捉えるよりも、P-D-C-A（Plan-Do-Check-Act）サイクルの一部として捉える観点が重要と考える。後者の捉え方の方が、評価結果を次なる学習プログラムの計画・改善に生かすという意図がより鮮明と考えるためである。図 6-1 は、上記の学習プログラムと学習プログラム編成との関係を、具体例を示してまとめたものである。同時にそれは、学習プログラム編成が準備活動から評価に至る全過程で実施されることを示している。

第2節　社会教育事業の実態

(a) 公民館

日本の社会教育の分野で、学習プログラムはどのように計画・実施されているのだろうか。ここでは国の『社会教育調査』の結果を基にして、まず公民館の学級・講座の実施状況から、学習プログラムの実態をみることにしよう。

公民館は日本の社会教育施設として地域住民にとって最も身近な学習拠点であり、また交流の場として重要な役割を果たす施設である。2005 年度の社会教育調査によると、公民館は全国に 18,182 館（公民館類似施設を含む）設置さ

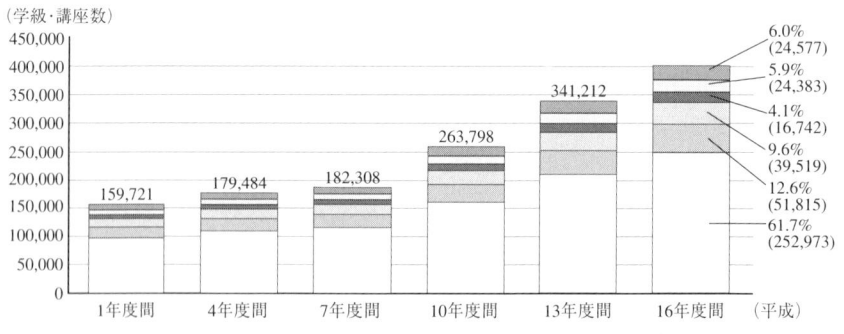

図 6-2　公民館における学級・講座の実施状況

れており、2008年度学校基本調査による全国の中学校数10,915校（国公私立を含む）を上回っている。そのように地域に密着した教育・学習施設である公民館が2004年度間に実施した学級・講座数は、図6-2 に示すように40万件以上にのぼり、1989年度から増加の一途をたどっている。

しかし、学級・講座の学習内容をみると実施される学習内容に偏りが生じていることがわかる。学習内容の第1位は「教養の向上」であり、全体の60％を超える割合を占め、約26万講座実施されている。そのうち「趣味・けいこごと」は約18万講座であり、「教養の向上」の学級・講座全体の約70％を占める。

反対に「家庭教育・家庭生活」「職業知識・技術の向上」「市民意識・社会連帯意識」などの内容は、それぞれ全体の10％未満と少ない。そうした公民館における学習内容の偏りは、学習者個人の学習要求に応じる生きがいとしての学習活動に重点をおく学習プログラム編成が反映された結果と考えられる。

(b) その他の社会教育施設

公民館を含むその他の主な社会教育施設・機関の2004年度間の学級・講座数、および受講者数を示したものが表6-1 である。表中に示す社会教育施設・機関が2004年度間に実施した学級・講座は総計約90万講座、受講者数は約3,300万人にのぼっている。

学級・講座の学習内容別構成比をみると、前述の公民館の場合にみたように「教養の向上」の占める割合の高い施設・機関が多い。たとえば青少年教育施設の場合全体の74.6％、女性教育施設は50.6％、教育委員会は44.0％が「教養の向上」の学習内容で占められており、公民館と同様の偏りが認められる。

一方、公民館とほかの社会教育施設（博物館、青少年教育施設、女性教育施設、文化会館）との違いは、実施される学級・講座数と受講者数の圧倒的ともいえる差にあるといえよう。ほかの社会教育施設の学級・講座数や受講者数の合計と比較してみても、公民館の学級・講座数は約4倍、受講者数は約3倍で

表6-1　2004年度間の施設・機関別の学級・講座数、受講者数

区　分	教育委員会	都道府県知事部局・市町村長部局	公民館	博物館	青少年教育施設	女性教育施設	文化会館	合　計
学級・講座数	164,632	207,793	428,473	17,663	16,718	7,555	56,632	899,466
受講者数	7,972,707	8,087,092	12,456,887	1,421,025	615,889	234,325	1,819,415	32,607,466

ある。公民館は日本の社会教育事業の中心的役割を担う施設であることが、表6-1の統計でも明らかである。

第3節　学習プログラム編成の基本原理

　日本の社会教育施設を中心とする生涯学習関連施設・機関の学習プログラムには、いかなる学習プログラム編成の原理が求められるのだろうか。ここでは今後の学習プログラム編成において、編成者側に求められる基本的考え方という観点から、学習プログラム編成の原理を検討する。

　ここで取り上げる考え方は、前掲の社会教育調査の結果や、国の各種答申、さらには筆者がこれまでに実施した学習プログラムの分析結果などを踏まえて提示するものである。いずれの考え方も、今後の社会教育や生涯学習の学習プログラム編成において、十分に検討することが不可欠と考えるためである。

（ａ）「**個人の需要**」と「**社会の要請**」のバランスを考慮する学習プログラム

　今後の学習プログラム編成の基本的考え方としてまず上げられるのは、「個人の需要」と「社会の要請」とのバランスを取る学習プログラム編成の推進がある。上記の公民館等社会教育施設・機関の学級・講座の実態でも浮かび上がったように、現在の日本の社会教育の分野で計画・実施される学習プログラムは、学習者個人の学習要求に応じる内容の占める割合がきわめて高い。それは学習者の趣味・教養等、生きがいを大切にする充実した人生や、人間的なつながりを育むなどの人間的価値の追求を学習プログラム編成上重視するためである。

　学習において人間的価値を追求する視点の重要性は、今後も変わることなく存在することはいうまでもない。しかし、問題はこれまでの学習プログラムがあまりにも趣味・けいこごとに代表されるような個人の需要ばかりを重視した傾向があった点に向けられている。

　2008年の中教審答申（2008）では人間的価値の追求以外に、「地域社会の構成員としての責任を果たす地域の人材の育成等の社会的価値の追求を行う視点」と、さらに「各個人が経済的に豊かな社会生活を送ることができるよう職業能力等の向上を図ることや国民一人一人の能力の向上により社会全体の発展

を図る等の経済的価値の追求を行う視点」のバランスの重要性を指摘している。[4]

　学習プログラム編成にあたり、個人の需要と社会の教育的要請とをともに検討するべきという考えは、日本の学習プログラム研究では1970年代から提示されてきたものであった。国の答申では、1992年の生涯学習審議会答申（1992）において各個人が社会の急激な変化に対応し人間性豊かな生活を営むために学習する必要のある課題を「現代的課題」として位置づけて具体的内容を明示し、積極的にそれらの課題に関する学習機会の充実を図ることを必要とした。

　さらに1999年の同審議会答申は、行政が行うべき学習機会の提供にあたっては、従来の文化・教養タイプから社会参加型や問題解決型の学習、さらには職業的知識・技術の習得等の学習成果の活用を見込む内容等、学習者の活動に必要となる能力を養う学習へと重点を移行させるべきことを指摘している。2006年の改正教育基本法では、第12条において「個人の要望」と並んで「社会の要請」に応える社会教育を国および地方公共団体が奨励しなければならない旨を規定した。

　そうした度重なる答申での指摘や教育基本法の改正された条文は、今後、「個人の要望」と「社会の要請」とのバランスを考慮した学習プログラム編成がより求められていることを示している。社会教育施設職員などの学習プログラム編成に携わる者は「社会の要請」に応える学習プログラムを実現するために、地域や社会全体の課題とは何か、また学習者の職業的知識や技能を高めるとともに社会全体の経済的発展や諸課題の解決に寄与できる学習とは何かを具体的に検討することが必要となっている。

（b）持続可能な社会の発展を目指す学習プログラム

　持続可能な発展（sustainable development）とは、1980年に国際自然保護連合（IUCN）や国連環境計画（UNEP）などが取りまとめた「世界保全戦略」に初めて使用された用語である。その後1992年の国連地球サミットで中心的考え方となり今日の地球環境問題に関する世界的な取り組みに大きな影響を与える理念となった。

　教育においては、2005年から「国連持続可能な発展のための教育の10年（DESD：Decade for Education of Sustainable Development）」として国際的取り組

みが開始されている。そこでは「一人ひとりが、世界の人々や将来世代、また環境との関係性の中で生きていることを認識し、行動を変革することが必要」とされている。

それでは持続可能な発展のための教育・学習とは何か。ユネスコが1997年に行ったハンブルクでの成人教育国際会議（ハンブルク）では「持続可能でかつ公正な発展」のためには「行動的市民の育成と社会参画への条件となる成人教育」が21世紀へのカギと位置づけた。現代社会は、さまざまな諸問題に直面している。たとえば環境、食料、人口、貧困、エネルギー、人権など、相互に関連する地球規模の問題には枚挙にいとまがなく、かつ各問題は一国のみの検討ではとても解決が望めないものばかりである。そうした諸問題を多角的観点から学ぶ学習プログラムは、ユネスコの期待する「行動的市民の育成」につながる基礎として不可欠といえよう。

すなわち、持続可能な社会の発展を目指す学習プログラムとは、地球規模で生じるさまざまな諸問題を理解し、その解決の方途を探る学習プログラムである。さらには、学習した成果を地球規模で生じる諸問題の解決に役立て、社会の発展のために還元できる学習プログラムも含まれるといえよう。学習プログラム編成に携わる者は、今後ますます、地球規模の諸問題の解決に寄与する学習プログラムへの取り組みが期待されている。

（ c ） 環境の変化に柔軟に対応できる可塑性の高い学習プログラム

① 学習プログラムの可塑性とは何か

学習プログラムの可塑性とは、当初の学習プログラムの学習目標を達成するために計画された構成要素が、何らかの外的諸力によって欠損が生じた場合に、ほかの構成要素で補填する修正を行うことにより当初の学習目標を達成する状態に回復する性質を意味している。学習プログラムは、計画段階で編成されたものがすべてそのまま実施されるとは限らない。当初の計画が学習プログラムを取り巻くさまざまな環境変化や、諸要因の影響によって修正や変更を必要としたり、場合によっては中止や中断に追い込まれる事態も生じるためである。

そうした事象の生じる状態を、ここでは学習プログラムの欠損ととらえ、さらに欠損した構成要素がその後学習プログラムの修正や変更によって補填される場合、それを学習プログラムの欠損調整の機能が働いた状態とみなすことと

した。

　学習プログラム編成にあたる者は、計画した学習プログラムが展開以降のさまざまな要因の影響により計画通りに実施されるとは限らないという前提に立ち、環境の変化に柔軟に対応できる学習プログラムを実現するための配慮が不可欠である。

　その配慮を怠って学習活動を展開すると、途中での修正や変更がきかなくなり、学習プログラムの中止や中断に至ることが予想される。いうまでもなく、計画した学習プログラムが中止や中断に追い込まれることは、学習者にとっては最悪の状況であり、期待される学習成果の達成は望めない。編成者は可塑性の高い学習プログラムを編成するために、学習プログラムの展開中に影響を及ぼす可能性の高い要因をあらかじめ検討し、その対応を図る必要がある。

② 学習プログラムの可塑性の実態について

　実態として学習プログラムにはどのような欠損が生じ、あるいはどの程度の割合で欠損調整が実施されるのだろうか。ここでは施設職員の欠損調整経験や、実施した修正・変更の内容から学習プログラムの可塑性の実態を検討する。

　筆者が2006年に行った「全国公民館・博物館職員調査」によれば、有効回答を得た1,447施設から回収された計5,584サンプルの職員が、展開段階において学習プログラムの修正・変更を実施した割合は、職員全体の約60％にのぼる(5)（表6-2）。学習プログラムの展開中に、当初の計画の欠損調整を必要とする事態はかなり頻繁に生じているといえよう。

　学習プログラムの欠損調整の内容をさらに調べると、「講師や助言者の変更や調整」を行う場合が最も多く、欠損調整経験のある職員の中でそれを実施した職員は約70％を占めた。次いで、「開設場所や会場の変更や調整」「学習目標の見直し」「開設時期や時間帯の変更や調整」もそれぞれ約60％の高い割合

表6-2　欠損調整の経験別にみた職員の内訳（全国公民館・博物館職員調査）

	欠損調整経験のある職員	欠損調整の経験のない職員	不明	合計
％	57.6	14.9	27.5	100.0
実数（人）	3,217	832	1,538	5,584

1. 講師や助言者の変更や調整を行った　68.4%
2. 開設場所や会場の変更や調整を行った　59.8%
3. 当初の学習目標の見直しを行った　58.7%
4. 開設時期や開設時間帯の変更を行った　55.0%
5. 学習集団の規模の変更や調整を行った　38.6%

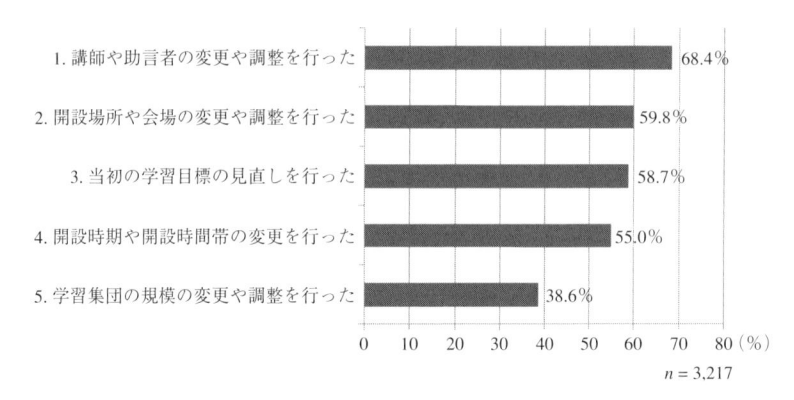

$n = 3{,}217$

図 6-3　学習プログラムの修正・変更の内容

であった。欠損調整は、学習プログラムの人的、物的側面や、学習目標などの学習関係側面、時間的側面など多様な分野にわたっている（図 6-3）。編成者は当初の計画のあらゆる面の修正や変更の可能性を視野に入れて、学習プログラム編成に取り組む必要がある。

　なお欠損調整の実現を左右する要因はさまざまなものがあると考えられるが、上記のように展開にあたっての時間的・予算的ゆとりの確保といった要因が関連するほか、後述するように、編成者間の支え合う人間関係といった職場環境要因も関連することが検証されている。今後の学習プログラム編成にあたっては、学習プログラムの展開における不測の事態に備える多様な準備や、職場環境の条件整備に取り組むことが編成者に期待される。

第4節　学習プログラム編成の留意点

(a) 学習資源の連携・ネットワーク化を図る学習プログラム

　地域にはさまざまな学習資源がある。学習プログラム編成においては、人的資源、物的資源、財政的資源、情報的資源などさまざまな学習資源の連携・ネットワーク化を促進し、それを活用する学習プログラムが期待されている。

　改正教育基本法の第13条においても、教育における学校、家庭、地域住民の連携協力が新たに条文化された。社会教育や生涯学習の学習プログラム編成

表6-3 社会教育関係施設の関係施設・機関との事業の共催状況（2004年度間）

区分		計	公民館（類似施設含む）	図書館	博物館	博物館類似施設	青少年教育施設	女性教育施設	社会体育施設（団体）	文化会館
施設数		57,544	17,941	2,915	1,188	4,339	1,307	183	27,800	1,871
共催事業を行った施設	施設数	17,022	9,119	816	282	457	298	58	4,931	1,061
	施設数に占める割合	29.6%	50.8%	28.0%	23.7%	10.5%	22.8%	31.7%	17.7%	56.7%

においても、たとえば児童・生徒を対象とする学習プログラム編成にあたっては、地域の学校、家庭、住民との連携・ネットワーク化を図る視点がきわめて重要である。

それでは実際に、社会教育の学習プログラムにおいてほかの関係施設・機関と連携・ネットワーク化はどの程度実施されているのだろうか。2005年度社会教育調査では、はじめて社会教育関係施設とほかの関係施設・機関との事業の共催状況を調査している。その結果をみると、表6-3に示すように施設全体に占める共催事業を行った施設の割合は29.6％であった。施設別にみると実施率の高いのは「文化会館」（56.7％）や、「公民館」（50.8％）があり、施設によってはかなり高い割合で、共催事業として他施設・機関との連携を実施している。

一方、民間営利社会教育事業者や民間非営利社会教育事業者との連携・ネットワークはまだ十分に進展していない。教育委員会や社会教育関係施設が実施した事業のうち、民間社会教育事業者に委託した割合（営利と非営利を合計した値）をみると、学級・講座などの事業総数に占める割合はわずか3.0％であった。各施設のうち最も高いものは社会体育施設であるが、その割合も9.6％にとどまっている。今後の学習プログラム編成においては、NPOなどの民間非営利社会教育事業者との連携・ネットワーク化の促進を図ることが重要である。

（b）**編成者間の支え合う人間関係を基礎とする学習プログラム**

学習プログラムは人間によって創られる。したがって当然ながら、学習プログラム編成に携わる編成者間のさまざまな人間関係が、直接・間接に学習プログラムに多大な影響を及ぼす。その関連は容易に予想できるが、これまでの学

習プログラム研究ではその関係を実証的に解明する研究はほとんど実施されてこなかった。

筆者が実施した分析によれば、編成者同士の支え合う人間関係の存在は、学習プログラムの可塑性に影響を及ぼしている。ここでいう支え合う人間関係とは、ソーシャルサポートといった同僚からの有形・無形の支援を意味している。特に社会教育施設職員の場合、同僚からの情緒的サポートや道具的サポートの存在が、学習プログラムの可塑性にプラス効果を及ぼすことが検証された。

具体的には、同僚が仕事上の悩みや苦しみを聞いてくれるとか、仕事上の工夫や一生懸命に取り組んだことへの承認、さらには同僚の前で自分の悩みを打ち明けられるといった情緒的サポートを感じる職員は、欠損調整経験のない職員に比べてその経験のある職員に高く、統計的有意差が認められた。同様に仕事上の適切なアドバイスや、仕事上のトラブルへの対処、さらには自分一人ではできないことへの手助けなどを同僚がしてくれる道具的サポートを感じる職員は、欠損調整経験のある職員により高い割合で存在することが明らかになった。すなわち、情緒的・道具的サポートを同僚から得られる職場環境で学習プログラム編成に取り組む社会教育職員は、環境の変化に柔軟に対応する学習プログラムを実現している。編成者間の支え合う人間関係の構築は、優れた学習プログラムを実現するための基礎として不可欠であり、学習プログラム編成上の留意点といえよう。

（c）学習者や住民参加の促進を図る学習プログラム

学習プログラム編成における計画段階からの学習者や地域住民の参加の必要性は、国の答申においても重ねて指摘されてきた。たとえば、1996年の生涯学習審議会答申では事業計画への地域住民の参加は、利用者の立場にたった施設運営に資するところが大きいとしてその重要性を指摘した。さらに1999年の同答申では、特に青少年のプログラムの企画段階からの参加が子どもたちの自主性を育み、また地域社会の担い手となる子どもの学習機会の提供は優れた内容の学習機会につながることを指摘してその促進を求めている。

学習プログラムの計画への学習者の参加は、学習プログラムの自己組織性という観点からも意味あるものである。学習プログラムの自己組織性とは、環境との相互作用を考慮しつつ、職員らの指導者と共同で学習者がみずから学習プ

ログラムをつくる性質を意味している。計画段階からの学習者の参加は、システムとしての学習プログラムの自己組織性の表出した一現象と捉えられる。

　それでは実態として学習者や住民の計画段階への参加は、どの程度実施されているのだろうか。筆者が1998年に行った全国の公民館や青少年教育施設を対象とする調査によれば、青少年対象事業の場合に計画段階に学習者や住民が何らかの形で参加する学習プログラムは、青少年教育施設の場合に5％未満であり、公民館の場合に10％強であった。[6] 計画段階からの学習者や住民の参加はまだそれほど多く実施されてはいない。

　しかし、実施される学習者や住民が計画段階に参加する学習プログラムをさらに分析したところ、それらの学習プログラムは学習者の学習の継続性を高める効果があり、さらに多様な学習方法を採用して学習活動を実施していることを検証した。具体的には、学習者・住民が参加する学習プログラムと、職員のみで編成される学習プログラムを比較すると学習者や住民の参加する学習プログラムで学ぶ学習者の修了率が有意に高く、採用される学習方法も多種類の学習方法を採用する傾向が明らかとなった。

　そのように学習者や住民の学習プログラム編成への参加は、国の答申で促進を求めているという意味ばかりでなく、学習プログラムというシステムの自己組織性の表出した一形態として意味がある。さらに実際にその形態で計画・実施された学習プログラムが、学習者の学習の継続性や学習方法の多様性が高いという意味で優れた学習プログラムになっている事実がある。それらを踏まえれば、今後の学習プログラム編成において学習者や住民の参加の促進を図ることは、極めて重要な考え方といえよう。

　以上のような視点を重視した学習プログラム編成を実現するならば、より学習者の学習ニーズと地域や社会の教育・学習課題に応える優れた学習プログラムの実現が可能になるであろう。

【注】

（1）PDCAサイクルとは、計画（plan）、実行（do）、評価（check）、改善（act）のプロセスを順に実施するサイクル。最後のactはcheckの結果から最初のplanの内容を継続・修正・破棄のいずれかとして次回のplanに結びつける。この螺旋状の

プロセスを繰り返すことで、品質の維持・向上や継続的な業務改善を推進するマネジメント手法がPDCAサイクルである。1950年代、品質管理の父といわれるデミング（Dr. Deming, W.E.）が提案した。筆者はこの考え方が、学習プログラム編成に適応可能と考える。

（2）文部科学省『平成19年度文部科学省白書』、p.59。
（3）文部科学省『平成17年度社会教育調査』、国立印刷局発行、2006。
（4）中央教育審議会「新しい時代を切り拓く生涯学習の振興方策について―知の循環型社会の構築を目指して―（答申）」、2008。
（5）金藤ふゆ子（研究代表）『社会教育施設職員における同僚からのソーシャル・サポート効果に関する統計的研究―学習プログラム編成への影響力の解明―研究成果報告書』平成17・18年度科学研究費補助基盤研究（C）（一般）課題研究番号17530619、2007。
（6）世代間交流研究会（文部省統計数理研究所内）編『青少年教育施設等の役割に関する調査研究報告書』、1998。

【引用・参考文献】
（a）前掲、文部科学省『平成19年度文部科学省白書』。
（b）前掲、文部科学省『平成17年度社会教育調査』、国立印刷局発行。
（c）拙稿「公民館実践分析の視点としての定量的分析の必要性―学習プログラム研究の立場から」、日本公民館学会編『日本公民館学会年報』第5号、2008年12月、pp.27-37。

第7章　地域の自治と住民の学習

第1節　生涯学習の目標としての地域の自治

(a) 生涯学習と地域の自治

1997年ドイツ・ハンブルクで開催されたユネスコ第5回国際成人教育会議が採択したハンブルク宣言は、生涯学習としての青年・成人教育の目標を以下のように提起している。

> 「人々と地域社会（communities）の自律性と責任感を発展させること、経済、文化、さらに社会全体において生起している転換（transformation）に対処できる能力を強化すること、自分たちの地域社会における市民の共生・寛容と情報に基づく創造的な参加とを促進すること、要するに、人々と地域社会が自らの運命および社会をコントロールできる能力を身につけ、前途に立ちはだかる諸問題に挑戦できるようにすること[1]」。

ここに掲げられている課題は地域の自治にほかならない。地域の自治とは、要するに「人々と地域社会が自らの運命および社会をコントロールできる」ことなのである。ここで注意したいのは、それが、多様な個人がそれぞれの運命に決定する自由を保障する「共生・寛容」と不可分なものとして、さらに地域に自閉せずに社会全体の変革を志向するものとして把握されていることである。つまり、地域の自治は「『自己決定』型民主主義[2]」を地域から構築する営みとして把握されているのであり、それが、急激でグローバルな「転換」時代にあって生涯学習の主要課題になっている事態を、宣言は再確認しているのである。

(b) 地域の自治の二つの可能性

宣言でいうcommunityは必ずしも「地域社会（local community）」に限定さ

れないが、本章では両者を厳密には区別しない。その上で、地域の自治という場合の「地域」を、地域社会＝コミュニティが成立していた・している・し得る範域として考える。コミュニティが成立する基本要件を、山崎丈夫は「住民が地域で共住することによって形成される共通の生活世界の共有」だとしている。すると、地域の範域とは生活世界の形成を可能にする最低限の社会的資源、生活施設を備え、かつその共有を妨げない範囲ということになる。

　ところで、地域社会の存立要件が「生活世界の共有」にあるならば、ハーバーマス（Habermas, J.）が指摘する市場と国家のシステムによる「生活世界の植民地化」により、地域社会は社会的統合力を喪失して衰弱、崩壊してきた。かくて近代化の進展とともに、地域は地域社会を欠いた行政区画、土地（生産要素としての）として（再）開発され、システムの病理現象に曝されている。

　現代における地域の自治の意義は、このような地域に地域社会を再構築すること、換言すれば、住民が共有する生活世界を文化的に豊饒化し、活力あるコミュニケーションに基づく連帯の力でシステムの病理を克服することにある。それは地域を基盤にして貨幣（市場）、権力（国家・行政）、連帯（市民社会）間の「新たな権力分立」の構築を目指す試みであり、市民社会のネットワークによって地域の問題を自主的に解決していく「自己決定」型の市民社会的自治だといえる。

　ところが大転換期、つまり「撤退（disengagement）の時代」になって、システム、特に国家・行政システムは地域の諸問題への福祉国家的介入から撤退し始め、深刻化した諸問題の解決を「自己責任」として諸個人に押しつけるようになってきた。地域の自治は新自由主義的な規制緩和・民営化の受け皿、つまりシステム補完的自治として期待、利用されることになる。さらに危険なのは、安全（セキュリティ）、秩序、帰属感を与える拠点としてコミュニティが住民の不安感に基づいて追求される結果、異質な他者や社会的弱者をリスクとして排除する非寛容な地域社会が形成される傾向である。

（ｃ）自治の主体と住民の学習

　地域の自治をめぐる二つの可能性のせめぎ合いの下で、市民社会的自治を発展させるカギとなるのが住民の学習である。不安感による情緒的一体化を超え、他者とのコミュニケーション的連帯を可能にするためには、生活世界における

「文化的貧困と日常意識の断片化(8)」を克服することが不可欠だからである。

名和田是彦はコミュニティ自治発展の条件として、①自助活動を行わざるを得ない困難な状況の経験、②適切な組織形態、組織原理、集団運営の技法、③コミュニティ・リーダー、④数十名規模の活動的住民、⑤専門家との連携、⑥達成感と楽しさ、⑦居住を通じての住民間の共感形成をあげている(9)。

このうち②～⑤の条件、すなわち自治の主体形成に関わる条件が学習と相即的な関係にある。住民の学習の進展は、②～⑤の条件を形成することにより、地域の自治の市民社会的自治への発展を促進するのである。

このような学習は、基本的には、困難に直面した住民の共同実践を通じた自己組織的な共同学習として遂行される。換言すれば、自治のための「実践共同体（community of practice）」への「正統的周辺参加」による学習である(10)。しかし、そのためには②～⑤の主体的条件がある程度存在しなければならない。

では、そのような主体的条件が形成され得ないほど「文化的貧困と日常意識の断片化」が進行してしまった地域において、住民の自治能力の学習は可能なのか、それはだれによって、どのように組織されうるのか。

以下では、このような課題への挑戦の事例として、ドイツ・ハンブルク市における地域の自治、特に主体的条件の未成熟な地域における経験を紹介する。

その際、市民社会的自治成熟のメルクマールとして、地区文化センター（社会文化センター）という日本の公民館に類似した多機能的な地域センター型施設を市民自身が開設・運営しているか否かに注目する。

第2節　ハンブルク市の自治体内分権と地区

(a) 区と地区

ハンブルク市は、755平方キロの市域に174万人が生活するドイツ第二の人口都市であり、州（国家）と市（自治体）の二重性をもつ都市州として、連邦国家ドイツを構成する16州の一つでもある。その正式名称「自由ハンザ都市ハンブルク」は、中世以来の市民自治の歴史を象徴している(11)。

ハンブルクの市域は7の区（Bezirk）に、区はさらに合計105の地区（Stadtteil）に区分される。

区は、面積では50平方キロから161平方キロまでの、人口では12万人から41

万人までの幅があるが、いずれも都市（Großstadt）というにふさわしい規模であり、これらを地域として扱うのは無理である。自治体に準ずる性格を有する自治体内分権単位として、広域都市ハンブルクにおける住民自治、住民参加を保障するものといえよう。その点では、区議会議員が無給のボランティア職であること、区議会の各種委員会に市民が参加できること、本会議や委員会で市民にも発言権が保障されていることなど、区議会が市民社会の代表機関という性格をもち、住民の参加に開かれていることが注目される[12]。

　地区は区のような自治体内分権単位ではなく、自治に関する法制度も存在しない。その規模も、面積では0.5平方キロから35.4平方キロまで、人口では無住地区から9万人近くまでと極端な差異がある。これは、地区のほとんどが、斉一的・計画的な区画ではなく、かつての自治体（都市や村）の範域を、その地名や紋章とともに継承するものであることを示している。つまり地区とは、現代的広域自治体が登場する以前の自治体（Kommune, Gemeinde）というコミュニティが成立していた範域として、地域といえるのである。

（b）**地区における市民社会的自治**

　それら地域社会が19世紀後半から始まるハンブルクの広域化とともに、独立性を失い、巨大化した都市（Stadt）の一部分（Teil）、つまり地区（Stadtteil）として再編されてきた。広大なコンテナ基地ができ無住化した地区もあれば、原野に団地が造成されて人口の急増した地区もある。このような変化に応じて、新しい地域社会の範域は必ずしも地区の境界線と一致するわけではない。つまり、地区内の一部分、あるいは複数の地区にまたがる区域に地域社会が形成され、一つの地域として扱われることもある。そのような地域は「街区（Quartier）」といわれる。

　地区や街区における地域社会形成の主役となるのは住民が組織している市民団体である。特に重要なのが、趣味や環境といった個別課題ではなく、地域社会の発展、住民全体の生活向上を課題とする団体である。これには、新旧二つのタイプがある。

　旧いタイプは「市民協会（Bügerverein）」と総称［「郷土協会（Heimatverein）」、「自治協会（Kommunalverein）」などの名称もある］される19世紀後半にさかのぼる団体で、ほとんどの地区にはその地名を冠した「市民協会」が存在し、地

域史の編集・発行、地域情報誌の刊行、定期的な住民集会の開催、地区祭りの開催、コンサート、教養講座、地域を歩く会などを行っている。自前の集会施設をもつものもある。

新しいタイプは、1970年代以降「新しい社会運動」として発展してきた参加型の「地域民主主義（Basisdemokratie）」を志向する市民運動体で、その典型が地域における社会福祉、文化・教育、環境、政治などの運動を束ねる拠点としての地域センター型施設である「社会文化センター（Soziokulturelles Zentrum）」を設置運営してきた市民運動体である(13)。

都市化が進展し、さまざまな社会問題が激化してきた地域では後者が、郊外の農村的伝統の色濃い地域では前者が重要な役割を果たす傾向がみられる。

さらに、必要に応じて地域の協議機関が行政あるいは市民運動のイニシアティブで設置されることがある。たとえば、住民生活に関連した施設（学校、成人教育施設、公共図書館、文化施設、保育学童施設、福祉施設、赤十字、教会。さらには区役所職員や地区担当警察官など）が定期的に情報交換、協議を行う「地区会議（Stadtteilkonferenz）」や、「市民フォーラム（Bügerforum）」などと呼ばれる定期化（月1回程度）された住民集会である。これらの協議機関は住民を代表する市民団体が脆弱な地区では、行政とのパイプ役として不可欠であるし、市民活動家を育成する役割をも果たすことになる。

（c）アルトナ区の地区

アルトナ区はハンブルク市を横断するエルベ川の北岸に沿って都心の西に広がっている（図7-1）。東端のアルトナ本町（旧アルトナ市）周辺の区域は19世紀後半には都市化、産業化が進んだ地域で、現在ではハンブルク中心から広がる市街地の周辺部となっている。その西は20世紀になって旧アルトナ市に編入された農地・緑町が優勢な「郊外」であるが、そこには都市が生み出した富裕と貧困という対照的な光景が展開している。風光明媚で交通の便もよいエルベ河沿岸地帯には19世紀後半から富裕層の邸宅、別荘が建てられ、ドイツでも有名な高級住宅区域として開発されてきた。他方その後背地域では、特に戦後になって、大工場、スポーツ施設などの広大な施設や大規模団地が造成されていった。それら団地の多くがスラム化しているのである。

区には現在14の地区が存在する。表7-1にみられるように人口も面積も多様

表7-1 アルトナ区の地区概況

	地区名		面積 (km²)	人口 (人)	人口密度	18歳以下人口比率 (%)	65歳以上人口比率 (%)	外国人比率 (%)	失業率 (%)	社会扶助受給率 (%)	社会住宅比率 (%)	2008年市議会選挙政党別得票率			
												CDU	SPD	緑連合	左翼党
1	アルトナ本町	Altona-Altstadt	2.8	27,885	9,982	13.7	13.4	23.5	8.8	16.8	21.0	21.1	41.1	17.7	13.8
2	アルトナ北町	Altona-Nord	2.2	21,617	9,774	14.9	9.9	22.2	7.8	15.0	12.6	17.8	43.0	20.7	13.4
3	シュテルンシャンツェ	Sternschanze	0.5	7,447	15,854	14.3	10.0	24.3	7.5	14.1	6.0	13.3	40.7	24.9	16.2
4	オッテンゼン	Ottensen	2.8	33,103	11,826	14.6	12.7	15.8	5.6	9.4	7.9	22.1	40.4	21.6	10.6
5	バーレンフェルド	Bahrenfeld	10.5	26,756	2,539	14.6	15.4	16.6	6.0	10.1	8.1	31.9	38.8	13.8	8.5
6	オトマルシェン	Othmarschen	6.0	12,292	2,048	16.9	23.0	11.2	1.5	1.1	1.0	56.0	21.4	9.8	2.7
7	グロスフロットベク	Groß Flottbek	2.4	11,153	4,734	18.3	20.9	15.6	1.4	1.2	0.7	51.3	25.4	11.1	3.0
8	ニーンステーテン	Nienstedten	4.3	6,910	1,596	19.1	24.9	9.9	1.6	0.9	0.0	62.6	17.0	10.0	1.6
9	オスドルフ	Osdorf	7.2	25,204	3,496	18.1	24.0	13.6	6.5	14.8	32.8	45.8	33.4	6.9	6.1
10	ルルプ	Lurup	6.3	33,517	5,321	19.6	19.7	15.6	7.5	17.5	24.2	38.0	42.1	4.8	8.5
11	インゼルブローク	Iserbrook	2.7	10,660	3,998	16.8	26.5	7.4	4.4	6.6	1.9	43.7	35.8	7.5	5.1
12	ブランケネーゼ	Blankenese	7.7	12,980	1,677	17.0	25.1	9.9	1.7	1.6	0.8	57.4	20.8	9.3	2.4
13	ジュルドルフ	Sülldorf	5.7	8,986	1,568	19.3	21.1	9.8	5.0	6.5	6.9	45.8	31.3	10.8	5.1
14	リッセン	Rissen	16.7	14,440	864	16.6	29.2	6.0	2.5	2.7	3.6	53.2	25.5	8.5	3.7
参考		アルトナ区	77.4	245,511	3,172	16.5	18.7	15.2	5.7	10.4	12.5	39.3	33.5	12.1	9.6
		ハンブルク市	755.2	1,741,182	2,305	15.5	19.0	14.8	6.0	11.7	12.3	42.6	34.1	9.6	6.4
		ボルン街区	0.7	10,495	14,594	22.8	15.9	19.7	11.9	17.8	98.0	—	—	—	—

出典：Statistisches Amt für Hamburg und Schleswig-Holstein ; Statistische Daten zu den Stadtteilen Hamburgs. (http://www.statistik-nord.de)

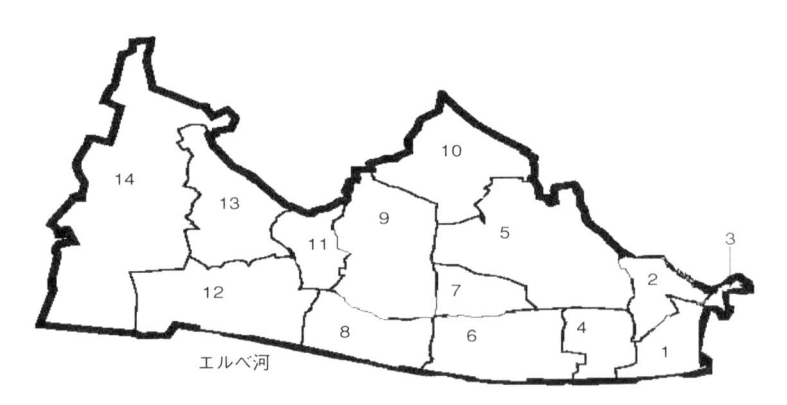

図7-1 アルトナ区とその地区

であるが、上記の発展を体現する三つの類型に分けることができる。

第1は、都市化の進んだ東部のアルトナ本町、アルトナ北町、シュテルンシャンツェ、オッテンゼンの地区である。年齢的には高齢者、年少者が少なく、学生など若い単身所帯の多さを示している。外国人も多い。失業率、社会扶助受給率、社会住宅比率も高く、低所得、貧困層の多いことを示している。

政治意識の面では、SPD（社会民主党）を始めとするリベラル・左派が保守的なCDU（キリスト教民主同盟）を圧倒しており、他の地区やハンブルク全

体と比較して際立った特徴を示している。緑連合や左翼党の多さは、CDU 対 SPD という伝統的な保革対立図式にとらわれない新しい政治文化の広がりを示している。

　第 2 は、エルベ川寄りの高級住宅地という性格の濃いオトマルシェン、グロースフロートベック、ニーンステーテン、ブランケネーゼ地区である。最も高齢化が進んでいるが、年少者も多い。つまり、比較的少ない青壮年層に子持ち家庭の比率が高いのである。外国人は少ない。失業率など貧困を示す指標は非常に低く、住民の豊かさを示している。政治意識の面では、伝統的な保革対立図式の下で保守が多数となっている。

　第 3 は、社会問題地域としての高層団地を抱えるオスドルフ、ルルプ地区である。年齢構成は第 2 の地区と同様であるが、外国人の比率は高めである。貧困を示す指標は高く、特に低家賃の社会住宅の比率が突出している。政治意識の面では、伝統的な保革対立図式の下で保革が拮抗しており、左翼党などを加えると革新がやや多いという形である。

(d) **地域の自治の相違**

　地域の自治のありようも大きく異なっている。

　第 1 の地区は、1960 年代には居住条件の悪化や旧工場の空洞化などによる再開発の対象となり、それに対抗する市民運動が発展してきた地域である。市民たちは、低所得層を追い出す環境破壊型の再開発に抗議し、古い工場などを改修して住居、社会・文化施設、商業施設などとして再活用する方式を進めた。

　その結果、オッテンゼン地区がその典型であるが、独特な都市景観をもち、活力ある市民社会組織の運営する社会施設、文化施設のネットワークが住民生活を支える街が形成されてきた。それに魅かれる学生や知的中間層の流入も多い。と同時に、生活インフラの充実は、外国人や低所得層にも暮らし易い条件を提供しているといえ、外国人比率、社会扶助受給率も高い。これらの地区は、富と貧が混住し、その共生への取り組みが行われている市民社会的自治が発展した地域だといえよう。4 地区に合計 8 の社会文化センターがある。

　第 2 の地区群は、住宅問題などの都市問題に個人的に対処できる能力・資力をもつ市民が移り住んだ住宅地域であり、第 1 の地区に見られるような市民運動は低調である。地域活動の担い手は、どの地区も市民協会で、その活動の基

調は郷土の歴史や景観美への愛着、市民的な文化・教養・社交への憧憬、健全な家庭、街の美化・安全といったもので、外国人や失業者の問題は不可視化されている。これらの地区でも、上・中流層の子弟の薬物使用といった問題が深刻化しているのだが、私的な家庭問題として隠蔽されるか、外国人売人の脅威として外部化され、地域の問題として対象化されない傾向がある。排除的でシステム補完的自治が支配的である地域だといえよう。社会文化センターはどの地区にも存在しない。

第3の地区は、1960年代の都心部再開発の受け皿である郊外での社会住宅建設政策のクライアントとして移り住み、その否定的結末を体現する多様な人びとが集住する地域である。失業、貧困、外国人問題、薬物依存、青少年非行など社会問題の深刻な地域として認識されているが、その烙印が住民自身によって内面化される結果、自他に対する信頼感が低下し、自治の主体形成が困難となる地域だといえる。

ところが、この両地区で現在住民による社会文化センター作りが進められている。そのうち、ルルプ地区の事例に関しては別稿で紹介しているので、以下ではルルプよりさらに深刻な条件のもとで進められてきたオスドルフ地区ボルン団地での自治の主体形成の経験をみることにする。

第3節　ボルン街区における「学習する地域」と「地域マネジメント」

(a) 高度成長期の地域開発の失敗例としてのボルン団地

「オスドルフのボルン」（以下ボルンと略）は、オスドルフ地区から北のルルプ地区にまたがる面積約1平方キロの街区にある5,000戸以上の大規模高層団地で、都心部で深刻化した住宅問題を解消するモデルケースとして1966～1973年に開発された。高層化・集住化により、緑と陽光に恵まれた健康で快適な都市型生活を若い勤労所帯に安価で提供するという構想であった。

団地中央にはコミュニティの核として、30以上の小売・飲食店のほか銀行、郵便局、医院、公共施設などが入居する「ボルンセンター」が設置され、住民の増加に応じて、保育施設、学校、赤十字センター、教会、青少年施設、老人ホーム、地区図書館なども順次開設されていった。にもかかわらずボルン団地

は、同時代に建設された高層団地と同様、余力ある住民層の転出と低所得層、外国人など住宅市場での弱者の転入というゲットー化のスパイラルに陥った。転出の理由には、無機質・画一的な高層集合住宅への違和感、文化・娯楽・社交施設の不在、都心部への公共交通の不便さに加え、社会住宅＝貧困という負のイメージ（の増幅）がある。

　現在ボルンには約1万3,000人が暮らしている。表7-1の参考欄の数値は、そのうちオスドルフ地区内の約1万人に関するものだが、ボルンの貧困指標の高さが確認できる。特に社会住宅の比率は100％に近く、それが失業者、生活扶助受給者を引き寄せてきたことがわかる。外国人も20％近くとなり、さらに表にはないが、ロシアからの「帰還」ドイツ人も同程度いる。年齢構成には高齢者が少なく、年少者が多いという特徴がある。つまり、子持ちの外国人家族やシングルマザーの帰還者など多様な新住民の流入の渦中で、平穏な年金生活を望むドイツ人高齢者が逼塞している構図である。住民たちの交流も、地域への愛着も生まれず、ヴァンダリズム（公共器物破損や落書き）、昼間から空地にたむろするアル中失業者、青少年達の暴力事件などで特徴づけられる社会問題多発地域になってしまったのである。

（b）「社会的地域開発」プログラム

　このような問題地域の発展のため、ハンブルク市は1999年から「社会的地区開発（Soziale Stadtteilentwicklung）」を始めた。ボルンもこの対象地域となり、市から事業を委託された地区開発コンサルタント会社の2名（後に3名）の「地域開発士（Stadtteilentwickeller）」が2000年から活動を開始した。

　第1段階は、住民、地域内の施設・団体、団地の住宅所有企業、行政、区議会、政党などとコンタクトを取りつつ、地域を分析して発展計画を作成することであった。そのための拠点として、たより場、住民活動支援の場となる「地区事務所（Stadtteilbüro）」を「ボルンセンター」に開設した。ここでは、地域開発や住民活動に関する広報、展示を行うとともに、法律相談、借家人相談、警察官によるトラブル相談、履歴書などの代書サービス、50歳以上の女性の茶話会、50歳以上の失業者の会、国際女性朝食会、トルコ人女性の朝食会、パキスタン女性の集い、ロシア出身ドイツ人の集いなどが定例的に開催されるようになった。

同時に、この事務所を拠点として、地域問題解決のための住民協議体「ボルンの輪（Borner Runde）」の組織化がすすめられた。毎月 1 回夜間に地区事務所で開催される住民集会を恒常化し、住民意思の代表組織としての認知を高めるとともに、常連参加者を中心に課題別活動グループを結成して様々な活動に取り組んだ。1980 年代に区役所の呼びかけで組織されたが休眠状態であった地区会議も再建・活性化した。地区会議には、社会、生活、文化、教育領域の施設・団体とともに、「ボルンの輪」も加わり、地域内の専門家集団と住民とが協力して、課題解決に取り組む体制が作られたのである。そして、このような住民活動の情報、施設紹介、住民の声などを掲載した地区情報誌も地区事務所から定期的に発行されるようになった。

こうして、①市民協働の地域づくりを基盤にしつつ、②職業教育と就労援助、③地元経済と生計保障、④社会インフラ整備、⑤住居と建物の改善、⑥周辺・空き地の整備、⑦交通問題解決といった総合的な地域発展活動が展開されていった。

その留意点は、住民の中にある地域に対する、つまり自己と隣人に対するネガティブなイメージを払拭し、自信と希望を持って参加、協力できる雰囲気を作り出すこと、その変化を実感できるようにすることであった。

その象徴が、2 名の芸術家が地域の若者を巻き込んで 21 階建住宅の側壁に描いた高さ 43 メートルの巨大グラフィティ（落書き壁画）で、「世界最高のグラフィティ」として地域名所の一つになった。地域の荒廃を印象付けていた落書きを、再生のシンボルに転じる逆転の発想である。

団地とくに共用部分の清掃・改修や周辺緑地に散乱したゴミの回収も進められた。「ボルンの輪」内の「ボルンを花でいっぱいに」グループの活動や異文化交流を目指す「国際花壇」作りなどに加え、住宅供給業者の出資を得ての「ボルン清掃隊」事業、危ない雰囲気だった高層住宅入口前へのガラス張りの管理人詰所設置などが進められた。後者は地域の雇用促進という意味もあり、長期失業者が清掃人、管理人として雇用された。地区会議の呼びかけで始められた地域祭りや子供祭りも年々規模が大きくなり、住民の交流と地域再認識を促した。

2004 年には、教育者、医師、芸術家などからなる市民団体が、前述の福音

教会地区会館の半分を利用してハンブルク初の子供博物館を開設した。外部からも来館者の来るユニークな施設の誕生は、住民の地域再評価を促した。さらに、博物館は地区会議の積極的メンバーとして、シングルマザーの多いこの地域で重要な役割を果たすようになった。また、地区会館が利用できなくなったことは、独自の地域センターに向けた活動が本格化するきっかけとなった。

　積極的な住民活動も生まれてきた。なかでも重要な意味をもったのが、半失業状態にある青年たちを中心にしたインターネット・カフェ作りであった。地区事務所や地区会議が支援し、2003年には経営主体として登録協会「ボルネット」が結成され、総合学校の空きスペースを改装して開業した。ここは、世代や国籍を超えた多様な住民層に利用され、これから述べる「学習する地域」プロジェクトと結びついて、住民の交流・学習の場として発展していく。

（c）「学習する地域」プロジェクトの展開

　EUは2000年に雇用問題解決さらにヨーロッパ社会統合の鍵として生涯学習を推進することを決定した。それを受けて、ドイツ連邦教育・学術省は各州文部相との共同事業として「学習する地域（Lernende Regionen）」プロジェクトを立ち上げた。これは地域の継続教育機関、学校、文化施設、社会事業施設、中小企業などのネットワークにより自己決定学習としての生涯学習を支える基盤を創出しようというもので、失業問題などの深刻な全国76地域が対象に選定された。ハンブルクでは三つの地域が選ばれたが、その一つがオスドルフ・ボルンを中心とする地域であった。

　このプロジェクトの推進母体として、2001年6月にハンブルク市民大学を核として、26の施設、団体、企業からなる〈「教育と学習文化」サービスネットワーク〉が結成され、「ネットワーク」「機会の平等」「楽しさ」「適切なプログラム」「協力」「創造性」「コミュニケーション」をモットーに活動を開始した。

　課題は、ボルン団地の失業者、低所得シングルマザー、外国人、帰還ドイツ人、青少年などにみられる低学力、機能的未識字、学習疎遠感を克服し、「学習社会」と職業への道を開くことである。そのための拠点として、2～3名の職員が常駐する「基礎教育センター」が市民大学の分室のかたちで開設された。

　注意したのは、「読み書きのできないおバカの行くところ」という烙印をおされ、周辺化されないことであった。そのため、場所は団地で一番人の集ま

「ボルンセンター」内の地区事務所の隣の空きスペースとし、名称も「ボルン住民はセンターで学ぶ（Borner Lernen in Zentrum）」、略して BLiZ とした。

BLiZ は「読み書き」コースをはじめとする学習講座を提供するとともに、ネットワークに加盟する施設などが提供している学習機会につなげる学習相談活動を重点とした。BLiZ の活動は地域に定着し、単純パート労働と生活扶助で暮らすシングルマザー層や学校教育に落ちこぼれた青少年層に対する職業教育への橋渡しに大きな成果を上げた。

このような住民学習の裾野をさらに拡大するため、2005 年からは、多くの住民層が利用しているインターネット・カフェを「自己学習センター（Selbst Lern Zentrum : SLZ）」に発展させる取り組みが始まった。

SLZ プロジェクトはインターネット・カフェを運営する「ボルンネット」との協働で進められた。その活動の柱は、ボランティアを含めた指導員による①PC 利用の援助、②インターネットや e ラーニングプログラムを活用して自己学習していくスキルの教育、③学習相談、④利用者による学習サークルの組織化と援助、⑤ボランティア指導員である「学習随伴者（Lernbegleiter）」の養成・研修である。

（d）地区文化センター設立への動き

「学習する地域」の活動は、地区事務所が住民とともに進めた地域自治活動と緊密に結びついて展開した。そして地域の自治、学習活動の発展に伴い、このような活動を統合し、維持し、発展する住民活動の拠点施設としての地区文化センター設置の機運が高まってきた。

教会の地区会館が使用できなくなった 2004 年になると、「ボルン住民の輪」の「市民館」活動グループが住民へのアンケートや市内のセンター見学などを行いながら、その構想の具体化を始めた。そして、2006 年末には、地区事務所、幼稚園、BLiZ、スポーツ協会など 8 施設が入居する 2 階建て 1,600 平米のセンター新設案が作成された。公募で名称も「ボルンハイデ市民館」と決まり、開設および経営の母体として、「ボルンネット」に「市民館」活動グループが合流するかたちで登録協会「オスドルフ地区協会」が結成された。

オスドルフ地区協会はその規約で、「オスドルフ全域および隣接区域の文化的、社会的、共同自治的生活の振興」を目的とし、そのために「地域の居住価

値の維持・向上」「地域文化と継続教育の振興」「地区文化センター・ボルンハイデ市民館の運営」「住民のメディア、PC 能力の向上」に従事することを明記している。

第4節　自治の主体を形成する学習

　ボルン地区の「社会的地区開発」プロジェクトは 2007 年末に期限を終え、終了した。市民大学を中心とした事業は継続されているが、ボルン住民は現在、プロジェクトの援助なしに自力で地区文化センター開設に漕ぎ着けることができるか、その実力が試される段階にあるといえる。ともあれ、8 年間の活動を通じて「オスドルフ地区協会」「ボルンの輪」「地区会議」などの組織と数十名の地域活動の核は形成されたのである。

　ここで注目したいのは、このプロジェクトが行政によってではなく、第三者への委託事業として行われたことである。それを請け負う地域開発士、地域マネージャーなどには、建築、都市計画、社会事業などを専攻し、自身も市民運動に従事しながらその職業能力を形成したタイプが多い。ボルンの担当者も、市内の社会文化センター関係者と深い関わりをもっている。このような市民活動家タイプの専門家による援助やコーディネイトは、地域の自治の主体形成にとって、行政の直接介入より効果的だといえる。

　「学習する地域」プロジェクトもそうであるが、これらの専門職員たちは、住民に対して活動に必要な場所、組織、情報を提供することを基本とし、住民の自主的活動を支援し、その成果を評価し、励ますという方法を取っている。住民の自己学習の支援に徹しているのである。

　行政は地域に直接介入しない。専門家は住民の主体的自己学習を支援する。これが生涯学習と地域の自治との関わりを考える場合の原則といえることを、ボルンの経験から学ぶことができるだろう。

【引用・参考文献】

（1）CONFINTEA, V. ; *The Hamburg Declaration on Adult Learning.*
　　（http://www.unesco.org/education/uie/confintea）
（2）加茂利夫「地方分権の課題と現実」、遠藤宏一・加茂利夫『地方分権の検証』

自治体研究社、1995、p.105。
(3) 山崎丈夫『地域コミュニティ論―地域住民自治組織とNPO、行政の協働』自治体研究社、2003、p.42。
(4) ハーバーマス, J.（丸山高司・丸山徳次・厚東洋輔・森田数実・馬場孚瑳江・脇圭平訳）『コミュニケイション的行為の理論（下）』未来社、1987、p.307。
(5) ハーバーマス, J.（河上倫逸監訳）『新たなる不透明性』松籟社、1995、p.216。
(6) バウマン, Z.（奥井智之訳）『コミュニティ』筑摩書房、2008、p.57。
(7) バウマン, Z. 前掲書、p.154-6。
(8) ハーバーマス, J.（丸山高司ほか訳）、前掲書、p.358。
(9) 名和田是彦『コミュニティの法理論』創文社、1998、p.156-9。
(10) レイヴ, J.、ウェンガー, E.（佐伯胖・福島真人訳）『状況に埋め込まれた学習―正統的周辺参加―』産業図書、1993。

以下ハンブルクとその地区に関しては、以下を参考にした。

(11) Tilgner, Daniel(Red.)；Hamburg, Von Altona bis Zollen-Spieker, Das Haspa-Handbuch für alle Stadtteil der Hansestadt., Hoffmann und Campe, 2002, ss.40-43.
(12) 木佐茂男『豊かさを生む地方自治―ドイツを歩いて考える』日本評論社、1996、p.44 参照。
(13) 拙稿「ドイツの社会文化センター」小林文人・佐藤一子編著『世界の社会教育施設と公民館―草の根の参加と学び』エイデル研究所、2001、p.95-111 参照。
(14) 拙稿「市民運動による施設運営・実践展開とまちづくり」『月刊社会教育』国土社、2008 年 9 月号、p.14-9。
(15) 本節の記述は、筆者が 2008 年 6 月 12 日および 11 月 9 日に実施した「ボルンの輪」および BLiZ への訪問調査での職員、関係者からの事情聴取ならびに以下の資料に基づく。

・CONVENT Planung und Beratung GmbH；*Fortschreibung Quartiersentwicklungskonzept Osdorfer Born 2005*, Hamburg, 2005.
・Hans-Norbert Mayer；*Hamburgisches Stadtteilentwicklungsprogramm-Zwischenevaluation, 2003 in acht Quartieren*. Ein Gutachten der Arbeitsgruppe Stadtforschung Carl von Ossietzky Universität Oldenburg. Hamburg, 2004.
・Hamburger Volkshochschule；*Erfolgskontrollbericht des Dienstleistungsnetzwerks Bildung und Lernkultur*, Hamburg, 2004.
・Ellen Abraham；*Schussbericht Lernende Regionen Vertiefungsphase*, Hamburg, 2008.

第8章　社会教育施設の生涯学習

第1節　多様に広がる社会教育施設

わが国では、生涯学習・社会教育や福祉、地域産業、住民自治の活動の拠点、人びとの暮らしを支える場としてさまざまな施設が存在している（図8-1）。これらは、人びとが生活を営む上で身近な地域社会に、国および自治体のほか民間事業者や住民自身により多様な目的や用途、条件のもとで設置され、活用されてきたものである。

そのうち社会教育施設は、人びとの生涯学習・社会教育活動の場となることを目的として設置されたものである。公民館や図書館、博物館を主としながら、その他宿泊を伴って活動を行うことのできる青年教育施設（青年の家・少年自然の家）のほか、利用対象や目的を焦点化した女性教育施設や社会体育施設が

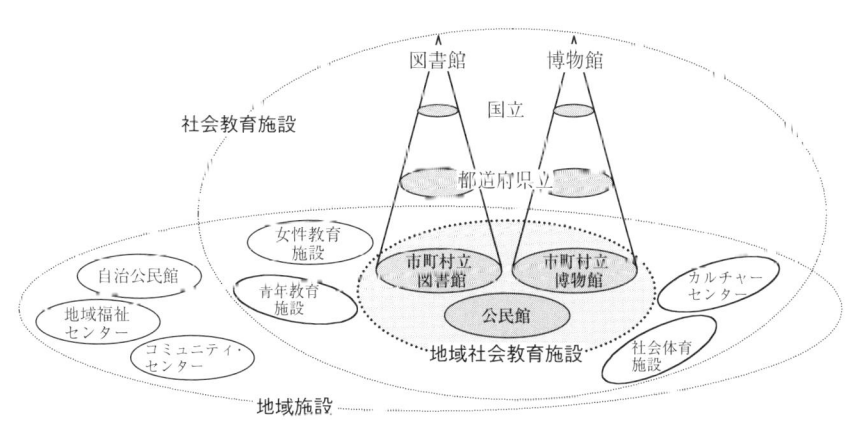

図 8-1　多様に広がる地域施設・社会教育施設

ある。またその設置主体も「公立」(市町村立、都道府県立)、国立、「私立」(公益を目的とした財団法人や社団法人といった民間事業者による)といったバラエティがみられる。

なかでも公民館は、社会教育法第21条の「市町村が設置する」の規定により地域配置が目指されたことで、1999年には18,000館を超えて設置されてきた、わが国の中核的な社会教育施設である。1999年以降、いわゆる「平成の大合併」のあおりを受け各地で統廃合がなされたが、なお全国に17,143館が存在し、地域における人びとの学習・文化活動の拠点となっている。

公民館と並び代表的な社会教育施設とされる図書館・博物館は、都道府県・市町村によるもののほか、私立のものもある。図書館は全国に2,979館が設置されているが、99％が公立である。一方の博物館は、ほかの社会教育施設と異なり、全体の34％が私立として設置・運営されているという特徴をもつが、都道府県立・市町村立博物館もおよそ800館が設置されており、当該地域の実態に即した役割が果たされようとしている。

このような公立の社会教育施設の量的普及から、わが国の自治体は、公共サービスとして社会教育施設の設置・運営を行うことにより、人びとの生涯学習・社会教育活動の推進を行うという役割を果たしてきたとみることができる。

第2節　社会教育施設の施策と実践

(a) 制度にみる社会教育施設

社会教育施設の設置および運営は、教育基本法を母法とする社会教育法を中心とした法体系のもとで支えられている(図8-2)。2006年に改正された教育基本法では第3条「生涯学習の理念」が加えられ、

> 「国民一人一人が、自己の人格を磨き、豊かな人生を送ることができるよう、その生涯にわたって、あらゆる場所において学習することができ、その成果を適切に生かすことのできる社会の実現が図られなければならない」

とされた。これを受ける社会教育法第3条「国及び地方公共団体の任務」では、

```
        日本国憲法
           │
        教育基本法
           │
        社会教育法 ── 公民館
         ┌─┴─┐
      図書館法 博物館法
         │     │
       図書館  博物館
```

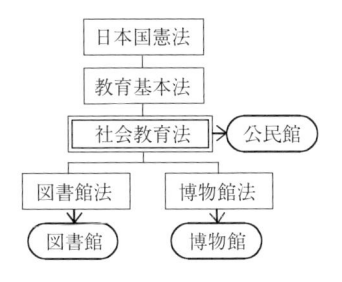

図 8-2 社会教育施設を規定する法律の体系

「国及び地方公共団体は、この法律及び他の法令の定めるところにより、社会教育の奨励に必要な施設の設置及び運営、集会の開催（中略－引用者）の方法により、すべての国民があらゆる機会、あらゆる場所を利用して、自ら実際生活に即する文化的教養を高め得るような環境を醸成するように努めなければならない」

と規定している。

まず、わが国を代表する社会教育施設としてあげられるものに、公民館がある。戦後に提唱され普及してきたものである公民館が筆頭にあげられるのは、これまでに注目されてきた社会教育実践の多くの事例が公民館を舞台にしたものであったというだけでなく、社会教育法のおよそ三分の一が公民館について規定されている、といった法制度の局面からもみることができる。公民館の目的は、社会教育法第20条において

「市町村その他一定区域内の住民のために、実際生活に即する教育、学術及び文化に関する各種の事業を行い、もって住民の教養の向上、健康の増進、情操の純化を図り、生活文化の振興、社会福祉の増進に寄与すること」

と述べられており、その上で達成のための事業や職員について規定されている。

一方、図書館および博物館については、第9条第2項において「別に法律をもって定める」とされ、1950年の図書館法、1951年の博物館法の制定に至っている。図書館および博物館には、公民館と異なり、戦前からの実践と法制定までの日本図書館協会、日本博物館協会といった専門団体による運動の蓄積があっ

た。これらの法律では、その施設の目的として、図書館であれば図書や記録、博物館であれば歴史や芸術、自然科学に関する資料を、収集、整理、保存を行うことで「一般公衆の利用に供し、その教養、調査研究、レクリューション等に資すること」が掲げられている。この条文は、図書館および博物館が、人びとの主体的な生涯学習・社会教育活動を支える場として機能すべく定義がなされているものであり、今日、改めて注目していくことが必要である。

　教育基本法および2007年の社会教育関連三法の改正を受け、2008年、「新しい時代を切り開く生涯学習の振興方策について（中教審答申）」では、学習機会の提供や地域の課題解決に向けた支援を行う場とするべく、社会教育施設の機能が重視されている。地域社会の事情を考慮し、住民の活動拠点・支援を行う地域の社会教育施設への期待が、政策の上でもますます高まってきているといえよう。

　このような法制度・政策のもと、特に地域社会の実情に即し、住民の学習活動を育み支えていくことが期待される公民館、市町村立の図書館・博物館といった社会教育施設は、具体的にどのような実践の展開をみせてきているのであろうか。

（b）地域社会に根ざす社会教育施設

（1）公民館

　公民館は、戦後民主主義に基づき地域住民の社会教育活動、地域・産業振興を図るための万能的な施設として提唱され、社会教育法の制定を経て全国的に普及したわが国固有の施設である。普及に際してはその理念として、1946年の文部次官通牒「公民館の設置及び運営について」、および当時文部省社会教育課長となった寺中作雄による『公民館の建設－新しい町村の文化施設』が手引きとして提示されており、これらは総称して「寺中構想」と呼ばれている。「寺中構想」では、公民館を、地域において民主的で科学的な生活を送るための地域住民の学習活動の場とするとともに、地域の産業の振興、娯楽・文化の創造、住民自治による地域づくりの拠点となる総合的な施設として提唱されている。そしてそこで行われる教育の方法は、学校教育にみられる画一的・教授的な方法と区別される自己教育であり、自由に楽しみつつ、共に教え合い導き合うことで学ぶ相互教育であるとされた。

1949年の社会教育法制定では、教育委員会の設置による「教育、学術及び文化」に関する社会教育機関として性格づけられた。このことは、「寺中構想」にみられた「地域振興の総合的機関」としての性格が薄れたとも指摘されているが、公民館の発展の契機となってきた点では非常に重要な意味をもつといえよう。このように公民館は、地域の多様な歴史的、社会的、政治的状況と地域計画を背景とし、人びとの生活課題・地域課題の解決に向けた学習活動の場、地域文化活動の拠点として定着してきている。

　地域社会や人びとの生活に都市化がみられた1960年代から1970年代には、公民館もまた新たな役割を見出してきた。小川利夫は「公民館三階建論」として、都市の雇用労働者やその家族に目を向けた公民館活動について、

> 「1階では、体育、レクリエーションまたは社交を主とした諸活動が行われ、2階では、グループ、サークルの集団的な学習、文化活動が行われる。そして3階では社会科学や自然科学についての基礎講座や現代史の学習についての講座が系統的に行われる。」

と形態内容を構造化し提唱した。これを受け1974年の東京都教育庁による『新しい公民館像をめざして』では、都市における教育機関としての公民館の役割と運営原則が明確化された。

　その一方、設置者である自治体政策の動向下において、公民館は設置・運営や職員をめぐりさまざまな課題が課せられてきた。その内実とは、公民館主事の不当配転や嘱託化、合理化に伴っての第三セクターへの委託やコミュニティセンター化、首長部局への移管、事業費の削減といった事態である。しかしながら、これらの課題に対し、公民館を利用するなかでその重要性を認識してきた住民が主体となり存続への署名運動や運営の担い手が生起するといった社会参加の動きもみられる。これらはそれまでの公民館実践が育んできた成果であるともいうことができよう。さらに近年では公民館が、自治組織として再起しつつある地域内の自治会・町内会と連携することで、福祉や防災活動の要となりながら自立的な地域づくりを行うといった新たな役割を担うケースも出現してきている。

　このように公民館は、社会的・経済的・政治的条件に基づく施設や職員の配

置、地域社会の実情や人びとの生活構造の変化にともなった実践など、多様な様態をみせている。しかしながら、市民の学びと仲間との出会いの場、地域における学習活動の促進、そして地域づくりの拠点となっていることは、60年の歴史的展開において変わらず、また共通してみられる実践であるといえよう。

（2）公立図書館

　公立図書館は、地域に関する多様な情報資源へのアクセスを保証し、利用者のあらゆる資料要求、情報要求を充足することとし、そのための諸実践を行ってきている。それは、資料や情報の利用・提供にかかる閲覧・奉仕といった「利用者サービス」だけでなく、広義にはその前提となる、利用されるための資料・情報の選択・収集、組織化、保存といった蔵書構築もまた、「テクニカルサービス」として包含される。

　公立図書館が地域における身近な図書館を充実化させ、住民の学習要求に応える実践を行うという方策は、比較的早い時期から提唱されている。1963年には71館の図書館調査に基づく「中小都市における公共図書館のあり方」が提示され、その後さらに日野市立図書館などにおいて具体的な実践計画を組み込み理論化された『市民の図書館』（日本図書館協会、1970）が刊行された。この『市民の図書館』では、地域の全域を対象とし児童サービスや身近なサービスを行うこと、なかでも書籍や資料の貸出しを行うことに重点が置かれ、「市民の本棚、自由な資料提供機関」となることが目指された。1970年代から今日までに図書館数はおよそ3倍、一人あたりの年間貸出冊数が0.7冊から4.5冊に増加している。これらの数値からも、『市民の図書館』にみられる貸出重視の指針が、特に市町村立図書館の実践・サービスを支える理念として重要な役割を果たしてきたといえよう。

　2001年の「公立図書館の設置及び運営上の望ましい基準」の改正や、地方分権、国際化、少子高齢化といった社会の変化を背景とし、近年では図書館サービスの方向に転換もみられてきている。2005年には「これからの図書館のあり方検討協力者会議」が設置され、翌年、その報告書として「これからの図書館像－地域を支える情報拠点を目指して－」が提出された。ここでは、公立図書館におけるサービスの理念を従来の貸出中心から、「地域を支える情報拠点」「地域や住民に役に立つ図書館」とし、調査研究への支援やレファレン

スサービス、課題解決支援を行うことを加えることが示唆されている。これらを通じ、住民の読書を支援するだけでなく、地域の課題解決、住民の医療や健康、福祉、法務といった生活に関わり地域の実情に応じた情報提供サービスを図るといった理念の組み直しが主張されている。この指針は先行事例や全国的な傾向把握の上で検討されたことから、普及・定着から実践化への対応が急速に進んでいるとともに、公立図書館のあり方や社会における図書館の位置づけへの議論の深化を図ってきている。

（3）市町村立博物館

日本の博物館は、戦後の博物館法の制定によって、その目的や設置・運営、さらに専門的職員としての学芸員といった事項について制度化された。しかし博物館法第8条に盛り込まれた「公立博物館の設置及び運営上の望ましい基準」が1973年になってようやく告示されたことにみられるように、文教政策の中で博物館は手薄な領域であった。生涯学習推進政策下においても、施設設備の充実化、資料の整備や展示の工夫、学校教育との連携といった概括的な方針が提示されていたにとどまっていた。

一方、社会的状況に目を向けると、高度経済成長とともに社会が都市化し、行政施策の量から質への転換が進む1970年以降、市町村立博物館の設置数には特に急激な増加がみられた。また博物館の現場では、生活の多様化や学習要求の高まり、余暇時間の増大を背景とし、来館者数に増大傾向もみられた。このような環境醸成と博物館への期待の高まりの中、1976年に開館した神奈川県の平塚市博物館は、その設置条例に「相模川流域の自然と文化」と活動のフィールドを明記したこと、地域の自然や文化を探究する住民の主体的な学習活動としながら支援することによって、住民とともに歩む博物館活動を展開してきた。平塚市博物館の実践は、市民参加調査などを通じて、住民が地域課題や生活課題、地域文化について継続的かつ主体的に学習活動を行うことを目指し、その支援を行うといった、新しい、特に市町村立にみられる小規模博物館のあり方を提示することとなった。伊藤寿朗は、これをモデルの一つとしながら「地域博物館論」として理論化を試みている。

1980年代以降、単なる「ハコモノ」としてではない、博物館の質が問われ始めることとなり「博物館教育」が着目されるようになった。実践的には、従

来の展示や講座・講演会に加えて、ギャラリートークやワークショップの開催などの参加・体験を重視する教育事業の開設が試みられてきた。しかし、これらの事業は国立・都道府県立といった設置面積や職員、予算、所有する資料数について大規模博物館において実現の可能性をもつものであり、したがって小規模博物館独自のあり方は模索されつづけてきたといえよう。

そうした中で近年、市町村立博物館では、博物館活動への参加・体験学習から展開し、地域資料の保存・整理、調査研究、地域文化の継承・創造に向けた教育事業の実施といった博物館活動自体を住民と協働して行うといった活動が拡大してきている。住民を主体とした博物館活動とは、博物館の機能を活用しつつ、その過程でなされる住民の学習・研究活動や博物館を核とした住民の共同的な地域づくりに発展する可能性をもつものであり、そのような活動への期待は高まっている。

第3節 「指定管理者制度」と施設運営

(a)「管理委託制度」から「指定管理者制度」へ

公民館、公立の図書館、博物館は、自治体の条例に基づき設置され、職員や予算などの配置により運営されることが基本とされてきた。しかしながら1990年代以降、地方分権推進計画によって社会教育行政のあり方についても大綱化・弾力化が進められ、社会教育施設の管理・運営に大きなうねりが生じ始めた。そして行政改革・規制緩和といった一連の政策動向の中、特に大きな転機を与えたものに2003年7月の地方自治法の改正（2003年7月）がある。

法改正により、第244条「公の施設」（公立学校、幼稚園、児童館、コミュニティ・センター、公民館、図書館、博物館、市民会館、体育館、病院など、住民の福祉を増進する目的をもってその利用に供するための施設）について、それまでの「管理委託制度」に代わり、新しく「指定管理者制度」が導入された。社会教育施設については、社会教育法をはじめとする個別法との法的矛盾を生じさせながら急速に導入が進められている。

それまで施行されていた「管理委託制度」とは、自治体の管理権限のもと、管理委託者が具体的な管理の事務・業務を執行することができるというもので

ある。ここでいう管理委託者とは、地方公共団体が二分の一以上出資を行う法人または公共的団体（農業協同組合、自治会、NPOなど）が該当する。この「管理委託制度」は1980年代以後に広がったが、社会教育施設の場合は全額が行政の出資による財団法人によって運営されていたケースがほとんどであった。

一方、新しく導入された「指定管理者制度」は、民間事業者であっても指定管理者として指定することができるようになった。さらに、設置者によってあらかじめ指定期間が設けられており、その間指定管理者は具体的な業務内容なども含め管理運営を代行することができる一方で、設置者に毎年度ごとの事業報告書を提出し、指示および承認を受けるとされている。この制度の施行のため、各自治体は2006年9月までに、ほかの公の施設と同様、社会教育施設についても管理運営を「指定管理者制度」に移行するか、もしくは直営で行うかを選択しなければならない事態となったのである。

「指定管理者制度」をめぐり特に議論の大きかった博物館では、「管理委託制度」から「指定管理者制度」への移行期となる2006年段階において、制度を導入したのは市町村立で69館（全体の13.4％）であった。これらのほとんどは、それまで「管理委託制度」をとってきたものであり、横滑り的に「指定管理者制度」が導入されたといえる。

(b)「指定管理者制度」の課題と可能性

新自由主義に基づく一連の構造改革の動向から生み出されてきた「指定管理者制度」は、「管理委託制度」のオルターナティブである以上に問題をはらむものである。

理念的には、委託者である行政が、指定管理者となる営利・非営利を問わない民間事業者の評価・管理主体となることから、市民側が行政によって操作されかねないことが指摘されている。そうした問題に対処するために、行政、企業（市場）、市民セクターのパワーバランスを考慮した民主主義的な新しい統治（ガバナンス）の制度を作ること、さらにその状況において市民セクターは、行政とのパートナーシップによる事業の計画、決定、実施、評価が実施されることが求められる。

また、社会教育施設における事業に「指定管理者制度」を導入することによって、専門的職員の雇用および専門性の担保といったことへの疑問視もある。

図書館および博物館においては、それまで司書や学芸員といった専門的職員の配置が制度化されてきたことから、自治体においても専門職採用のもとに配置がなされてきている。しかしその専門性を生かして遂行されてきた施設の運営や事業に「指定管理者制度」が導入される場合、一方では専門的職員の引き上げを生じさせることで、指定管理者がその専門性をいかに維持するのかという点、もう一方で、引き上げた専門的職員が自治体行政の一般業務に埋もれる可能性があるという点である。

さらに指定管理期間が存在すること、またその期間がおよそ3年から5年に設定されている場合が多いことを問題視する議論もある。そこから生じる施設運営上の問題とは、施設がもつ理念や事業の継続性が担保されない、中長期的な点に立って関係機関や住民との信頼関係を構築できない、特に博物館に関しては収蔵資料の保存上の責任がもてない、などが指摘されている。

このように「指定管理者制度」については、市場原理・経済的効率性や指定期間の存在によって、低賃金労働や不安定な雇用を創出し、研究の継続性や専門性、資料の保存・管理に関わる信頼性、公共性をもつ伝統文化や地域文化の継承・発展に危機をもたらす可能性をもつといった、未熟な制度であることは多くの論者によって指摘されている。

しかし、すでに施行されてしまっているこの制度について活用の道筋を考えていくためには、地域社会や住民を単なる利用者・来館者とするだけでなく、学習グループやNPOなどを通じて研究活動や運営の主体として位置づける、一つの具体的制度として捉えていくこともできよう。設置者側の施策方針、予算カットを背景として「指定管理者制度」が導入された事例には、公共事業を新たなビジネスとして狙う大手企業の参入がみられる一方、地域における学習・研究活動、および文化創造の拠点を市民自身が担おうとする動向からNPOが指定管理者となったり、制度の導入を反対する住民の運動がみられる。

たとえば、「市民のキャリアデザイン（生き方設計）」を行政施策に位置づけた千葉県野田市では、2006年4月、市内の郷土博物館の管理・運営について、隣接する市民会館とともに「市民のキャリアデザイン」を支援する事業を行ってきた蓄積をもつ住民によるNPO法人を指定管理者とした。ここでは、「文化」を人びとの労働や教養、地域活動や家庭といった身近な生活に関する調査

研究の成果、および人びとのキャリアデザインに有用でエネルギーになるものと考えている。そして指定管理者であるNPOは、その「文化」を媒体としながら展示や事業を開催することを通じ、博物館を市民が結びつき相互に学びあう場として運営している。このような事例からは、それまでの実践において市民が地域社会と結びついた活動を行ってきたという蓄積をみることができる。それはおのおのの博物館が、学習グループやNPOなどへの参加を通じて活動する人びとに対し、地域社会や生活に即した学習の場を提供してきたり、博物館の運営や事業の企画・立案、実施を担うパートナーとして位置づけてきたことである。

第4節　地域社会教育施設における実践の評価

(a) 実践分析・評価の必要性

　これまでみてきたように、社会教育施設は、主催事業や施設の提供だけでなく、人びとの企画・運営への参加も含めた生涯学習の場として、自治体ごと、施設ごとに多様に展開している。そして人びとが日常的に、地域社会や生活におけるさまざまな課題に取り組む場として近年特に注目されるのが、公民館、公立（特に市町村）の図書館および博物館であり、以下ではこれらを総称して「地域社会教育施設」と呼ぶことにする。本節では、この地域社会教育施設について、その設置・運営・実践の評価に関する現代的動向とその可能性を論じることにしたい。

　「指定管理者制度」の導入の背景にある構造改革・規制緩和といった政策課題の実施のもとでは、合理性や経済効率性を優先させて評価することが強調される傾向がある。公設公営により社会教育施設を設置・運営することによって住民の学習の条件整備を行い、環境醸成に取り組んできた自治体は、その施設における実践の有用性を的確に把握することが必要とされる。しかし学習支援が営まれる地域社会教育施設の実践は、入館者数や費用対効果といった数量的に表出する指標のみで評価されるものではない。では人びとに直接的に接し実践が営まれている社会教育施設においては、どのような方法によって実践を評価し、設置者にアピールすることができるのであろうか。この課題は、施設運

営や業務の委託がなされ、施設における実践の実績および評価が求められる指定管理者にとっても重要な課題である。

このような動向を背景とし、2007年の社会教育法改正にあたり今後特段の配慮をすべき事項の一つに「民意が反映される施設評価」があげられている。ここでは、施設に対し評価活動の実効性を高め透明性、客観性のある評価を行うことが求められている。また評価主体として、公民館運営審議会、図書館協議会、博物館協議会などが例示され、住民の意見が十分に反映されることが促されている。

地域社会教育施設において実践の評価が行われることは、次の二つの意義があるといえよう。一つは、その実践が、住民や地域社会にどのような変容をもたらしているのかといった様態を実証的に把握することであり、その結果をフィードバックすることで次なる実践の展開につなげられることである。もう一つは、おのおのの地域社会教育施設の実践に根拠づけられる存在意義を設置者である当該自治体に説明できることが必要であり、そのための材料とすることができるのである。

（b）市民の学習支援を行う実践を評価する観点

公民館、公立の図書館や博物館は、それぞれの法律によって設置、目的、事業・運営、職員などが規定され、実践が支えられてきた。そしてその実践は、思想史や制度、専門職といった観点によって成立されるそれぞれの基礎理論に基づきつつ、実践と研究の間で分析や評価がなされてきたといえる。たとえば公民館に関しては、アクション・リサーチや職員の「学習の記録化」などといったさまざまな方法により実践が評価に付されてきた。

また近年、博物館においては、予算の大幅削減や「指定管理者制度」の導入が企画展の開催や資料の安定保存の危機に直結する事態を生じさせてきていることを受け、評価システムの構築が試みられてきている。日本博物館協会では、おのおのの博物館が、住民および設置者にわかりやすい言葉でその使命を表現するために、自館の使命を再考し、自己点検・自己評価することで説明責任を果たすことを重視している。そしてそれがおのおのの博物館において実施できるようにするための「博物館経営・運営指標（ベンチマーク）」の作成と、そのプログラム化のための検討・整備が進められている。

しかしこれまで論じてきたように、公民館、公立の図書館・博物館は、地域社会教育施設として、住民の学習・文化活動を支える学習支援の実践を行うことを共通の使命としている。したがって、以下では地域社会教育施設において住民の学習活動の展開に寄り添いながら支援を行うという観点に立ち、実践を評価する観点を試論的に提示してみることにしたい。

表8-1の観点は、住民が地域課題・生活課題に取り組み、生涯学習・社会教育活動を実現するため、地域社会教育施設において、資料や情報、施設が住民によってどのように活用されているのか、また地域社会教育施設が住民にとってどのような機能を果たしているかを明らかにすることを目的としている。具体的には、職員による学習相談、施設設備の開放、広報活動の実態のほか、学習の契機となる事業の開催や連続講座による仲間づくりの場の提供といった観

表8-1 学習支援の実践に関する事業の評価の観点

1. 住民の学習活動への直接支援	A. 住民の学習成果を発表する機会や場所を設けている
	B. 市民団体が積極的に行う事業に資料や施設などを提供している
	C. 住民が利用することのできる活動室・作業室を設置している
	D. 広報誌や回覧板を通じて、広報を出している
2. 教育機会の提供	E. ほかの地域社会教育施設と連携・共催事業を行っている
	F. 主催する講座・学習会で、5回以上行われるものがある
	G. 単発の事業・講演会などを開催している
	H. 市民の要望に応じて、資料や記録、そのリストなどを公開している
3. 個人学習向けサービス	I. 住民が利用できる図書スペースがある
	J. 住民が学習や研究に関して相談したりするスペースがある
4. 情報提供	K. ホームページを作成し、常時更新をしている
	L. ポスターやチラシなどをほかの社会教育施設に配布している

表8-2 学習支援の実践に関する職員の評価の観点

1. 市民団体との交流・支援	A. 学習グループや市民団体と資料や地域事情に関する情報交換を行っている
	B. 学習グループや市民団体と活動の内容に関する情報交換を行っている
	C. ほかの施設の職員との日常的なコミュニケーションや情報交換の機会がある
2. 住民とのコミュニケーション	D. 地域住民と顔なじみになっている
	E. ロビーなどにおいて来館者に声をかけたり挨拶をしたりする
	F. 積極的に館外に出て、地域の資料や情報の収集を行っている

点を列挙している。

　また、施設において住民の学習活動を支援するといった実践を実際に行うのは職員である。したがって、職員について住民との関わりといった局面からの日常的な活動の様子についても、表8-2で示したような観点をあげることができる。

　これらの観点は完全なものではなく、おのおのの地域社会教育施設における事業や職員の良し悪しを判断するためのものではない。また評価を行うにあたっては地域の実情や施設の地域配置の実態、職員の体制も考慮する必要がある。しかし、地域社会教育施設での実践においてこれらの観点が意識されることにより、住民の生涯学習・社会教育活動の支援をより効果的に行うことが期待される。そしてこれらを例として求められることは、おのおのの施設においてその使命や実践の目的が掲げられ、その目的達成のための計画や実践分析・評価が明示されていくことである。

(c) **地域社会教育施設の課題**

　本章で中心に扱ってきた公民館・公立の図書館および博物館は、地域社会教育施設として、住民の学習・文化活動を支える学習支援の実践を行ってきており、またこれらを使命とすることでは共通している。もちろん、公民館は地区単位の総合的な施設として、また図書館は書籍や記録などによる情報提供、および博物館は実物資料を介在しての学習・調査研究支援というように、それぞれが独自の機能をもっている。しかしこれらは市民生活に身近なところで重層的に配置され共存しながら、「活動の場」と学習支援を行う職員や事業といった「しかけ」を要素とし、人びとの多様な生涯学習・社会教育活動を支えることが求められているのである。そしてそのような実践は職員が要となりながら、行政と市民および市民団体、地域社会、さらには相互の情報が有機的に結び付けられることで育まれているといえる。

　さらに今後は、この共通の使命を認識し相互に連携協力・施設間ネットワークを充実化させることにより、人びとの多様な生涯学習・社会教育活動のニーズに総合的に応えていくことが必要となる。人びとの自由な生涯学習・社会教育活動を支援するための条件整備として自治体により設置されてきた地域社会教育施設が、今日、住民や地域社会と結びつき、住民の学習権を保障するため

に安定した運営を行うことは、参画や連携を通じながら人びとの生涯学習・社会教育活動を多面的に支援していく実践によって担保されるのである。

また、地方分権・規制緩和政策、特に「指定管理者制度」の導入の是非が問われる中で、財政逼迫を叫ぶ地方自治体の身の振りは、住民の社会教育活動、社会参加活動をどのように捉え、評価してきたかを端的に表してきている。地域社会教育施設における活動は、経済採算性による費用対効果がみえにくいことから、教育委員会から首長部局への安易な移管や予算カットや指定管理者制度の導入について、先に結論ありきの姿勢がみられる実態もある。地域社会教育施設では、住民の学習のプロセス、成果および社会参加、地域変容といったさまざまな角度に目を向け、実践を評価し、設置者にアピールすることがますます必要となるといえる。

地域社会には、公民館、公立図書館、公立博物館といった地域社会教育施設のほか、さらに地域福祉センターやコミュニティ・センター、民間カルチャーセンターなど多様な施設が共存している。地方分権・規制緩和といった動向のもと、設置・運営が地域の事情に合わせて多様化する今日、おのおのの施設がどのような役割を果たし、お互いに何を期待しているのかといった理解を深め連携協力を図ることで、人びとの生涯学習・社会教育活動に対して地域社会における総体的視点からの支援を行うことへと広げることになるであろう。

【引用・参考文献】
（a）小林文人編『公民館・図書館・博物館』〈講座・現代社会教育6〉亜紀書房、1977。
（b）小川利夫編『生涯学習と公民館』亜紀書房、1987。
（c）日本公民館学会編『公民館・コミュニティ施設ハンドブック』エイデル研究所、2006。
（d）小林文人・佐藤一子編『世界の社会教育施設と公民館―草の根の参加と学び―』エイデル研究所、2001。

第9章　民間セクターの生涯学習

　民間セクターとは行政以外の部門のことを指すが、本章では、NPOや社会教育関係団体などのような非営利に活動する部門と区別して、営利を目的に活動する民間企業に焦点を当てよう。中でも、おとなの学習活動の場として社会的に広く認知されている「カルチャーセンター」の現状と課題を通じて、民間セクターにおける生涯学習について考察してみたい。

第1節　カルチャーセンターの概要

(a) カルチャーセンターの定義

　子どものころ、ピアノや水泳、書道など、習い事をした経験をもつ人もいるだろう。おとなになっても、自分の興味や関心に応じて習い事をする人は少なくない。そうした学習の講座を各種取り揃え、受講者の収める受講料によって経営されている事業体が一般に「カルチャーセンター」とイメージされている。ただし、そうした事業所がすべて「カルチャーセンター」と称されているわけではないし、法的規定などの明確な定義が存在するわけでもない。

　経済産業省による『特定サービス産業実態調査―カルチャーセンター編―』(以下、『実態調査』と略記)をみると、調査対象となる事業所の定義について、「広く一般の利用者に対して、恒常的、かつ継続的に『教養の向上』、『趣味・おけいこごと』など様々な分野にわたる学習講座を有料で提供する民営の事業所で、専従の職員および固定した教室を有する施設(文化センター、文化教室等も含む)」としている。ただし、提供する講座が単一であったり、スポーツのみを目的とする施設は、調査対象から外してある。そのため、ほかの「特定サービス産業」の中に、「外国語会話教室」や「フィットネスクラブ」といった生涯学習の範疇に直接含まれるようなものもある。

なお、文部科学省も1999年の『社会教育調査（1999）』においてカルチャーセンターを調査しているが、そこでは明確な定義は記述されていない。ただし、『社会教育調査』には「民間体育施設」や「文化会館」といったカテゴリーでの統計はみられる。

(b) **カルチャー事業の系譜**

学習活動を企業の営利事業として成立させたカルチャーセンターの出現は、学習といえば公民館など公的な機関において無料で行うという通念があった中で、教育関係者のみならず、社会的にも大きなインパクトであった。そこで、まずカルチャーセンターがどんな企業によって経営されているのかみてみよう。

『実態調査』には、カルチャーセンターを経営する母体として、「専業者、新聞社、放送局、百貨店・量販店、その他」と分類されている。また、『社会教育調査』(1999) は、「新聞社、放送局、デパート・スーパーマーケット、金融機関、その他の種類の企業、複数企業による共同出資、系列なし」としている。新聞社や放送局、あるいは、百貨店といった業種は、調査項目として独立するほど主要な経営企業種とみなされているようだ。

カルチャーセンターには、その成立経緯から、三つの系譜があることが指摘されている[2]。第一は、専業者の系譜で、1955年、東京大手町に開設された「東京婦人会館（現、産経学園）」が直接のルーツとなっている。「駅前の一等地のテナントビルを借りて、週1回2時間の授業時間、入会金、月謝3カ月分前払い、外部講師への全面委託という運営形態は、現在のカルチャーセンターの原形になった」[3]と位置づけられている。

第二は、百貨店による事業である。1960年代から販売促進を目的に組織された百貨店友の会からの要望をもとに、1970年代になると、専用の施設で趣味や創作活動のプログラムを提供する文化教室が展開された。開設時期の早いもので、1979年の「西武コミュニティ・カレッジ」（東京池袋）などがある。

第三は、新聞社、放送局などのマスコミによる系譜である。自前で行ってきた講演会やセミナーなどが独立し、教養講座を中心に事業を開始した。1974年開設の「朝日カルチャーセンター」は、新宿の超高層ビル群の中に教室がおかれた先駆的な事例である。その後、1977年の「読売文化センター」（大阪豊中）、1978年の「NHK文化センター」（東京青山）などが続いた。

(c) **系譜別にみた事業所数**

それでは、具体的な数値をみてみよう。表9-1は、『実態調査』（2006）に掲載された「企業系列別事業所数」である。2005年の調査においては、調査対象事業所が827で集計事業所数は698であった。ちなみに、同年における公民館の数は18,182館であるから、施設数としては圧倒的に少ない。

先に経営企業種として三つの系譜があると述べたが、表9-1をみるともっとも多いのは「その他」（40.1％）であるから、一概に三つの系譜に含まれるものばかりではないことはおさえておく必要があろう。その上で、構成比をみると、新聞社が23.1％（161）、専業者が19.6％（137）とそれぞれ2割前後を占めている。放送局の9.3％（65）を新聞社の数値と合わせると、3割以上がマスコミ系の事業所ということになる。

企業系列別割合の近年の変化を追ってみよう。図9-1は1993年、2002年、

表9-1 企業系列別事業所数

企業系列別	2002年	2005年	構成比(％)	前回比(％)
計	693	698	100.0	0.7
専業者	136	137	19.6	0.7
新聞社	158	161	23.1	1.9
放送局	68	65	9.3	▲4.4
百貨店・量販店	74	55	7.9	▲25.7
その他	257	280	40.1	8.9

(年)	専業者	新聞社	放送局	百貨店・量販店	その他
1993	17.1	26.4	9.1	25.0	22.4
2002	19.6	22.8	9.8	10.7	37.1
2005	19.6	23.1	9.3	7.9	40.1

■専業者　□新聞社　■放送局　■百貨店・量販店　□その他

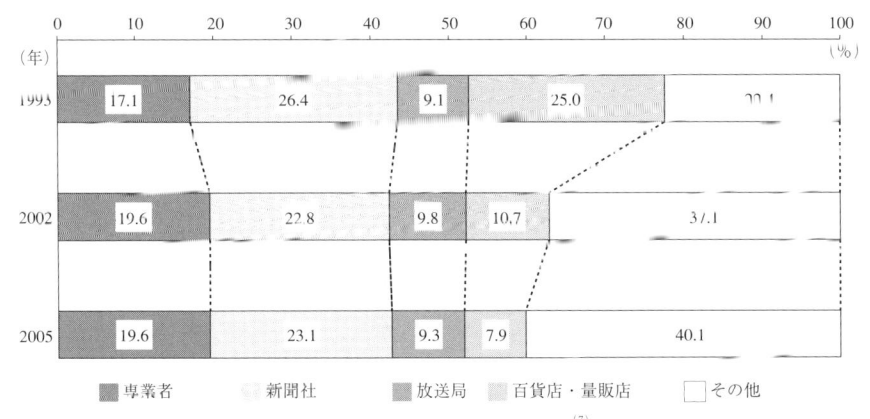

図9-1 企業系列別構成比の変化

2005年の企業系列別割合を示したグラフである。

大きな変化が目立つのは、「百貨店・量販店」の落ち込みである。1993年は25.0％（148）と「新聞社」に次いで多い割合を占めていた。しかし、2002年には10.7％（74）と半減し、2005年においても減少傾向に歯止めはかかっていない。一方、「その他」は調査を重ねるごとに増加している。これは、時代の変化とともに、従来とは違う業種の参入が続いているということであり、具体的な把握が望まれるところである。

第2節　カルチャーセンターの経営実態

営利の民間セクターの教育活動についてよく問題とされるのは、経営の論理と教育の論理の対立である。もうけ主義による教育サービスの低下を憂慮する声も少なくない。そうした論点は、原理的な問題であることには違いないが、カルチャーセンターの経済的な実態を踏まえた上で議論される必要があろう。ここでは、関連するいくつかの項目を概観してみよう。

（a）受講料

まず、学習者がもっとも気になる受講料についてである。表9-2は、2005年度の『実態調査』において明らかになった60分当たりの平均受講料を示している。全事業所の平均は60分当たり1,374円である。これをもとに、たとえば1回2時間の講座を週に2回受講したとすると、月に約22,000円の受講料となる。

企業系列別にみると、「専業者」1,523円、「新聞社」1,068円、「放送局」1,323円、「百貨店・量販店」1,399円、「その他」1,484円である。最も高い受講料をみると、最高値をつけたのは「専業者」で6,279円、最安値は「新聞社」

表9-2　60分当たりの受講料[8]

企業系列別	60分当たり（平均）	
	平均的受講料（円）	最も高い受講料（円）
計	1,374	3,666
専業者	1,523	6,279
新聞社	1,068	2,379
放送局	1,323	2,823
百貨店・量販店	1,399	3,644
その他	1,484	3,326

で2,379円となっている。平均値でみると、「新聞社」の講座は比較的受講料が安い傾向にあるといえる。

実際には、1回60分当たりで受講料を徴収することは少ない。手元のあるカルチャーセンターのパンフレットをめくってみても、たとえば、ある講座では1回120分の全6回で18,900円の料金設定がなされており、返金不可、すなわち、途中でやめてもお金は返さない形式になっている。(9)

(b) 売上高と年間営業費用

カルチャーセンターの収入は大部分が受講料で、2005年の『実態調査』では89.0％を占めている。入会金もサービスで徴収しないケースもあったり、系列といっても独立採算で経営されている事業所も多いことから、収入の窓口はあまり多くない業種であるといえる。

表9-3は、「特定サービス産業調査」としてカルチャーセンターと同時期に調査結果が発表される「教養・生活関連産業」の業種別にみた事業所数、就業者数、および、年間売上高の一覧である。カルチャーセンターの年間売上高は573億円で、全体の0.6％にすぎない。たしかに、カルチャーセンターは事業所数も「クレジットカード業」についで少ないが、1事業所当たりに換算しても、年間8,206万円と最も低い額にとどまっている。

それでも、就業者数は55,271人と全体の11.5％を占め、相対的にも少なくない人数が就業している。これは、講座の講師（非常勤講師）を含むためで、別のデータによれば、カルチャーセンターの常用雇用者は全体の15.4％、正社

表9-3 教養・生活関連産業の事業所数、就業者数および年間売上高(11)

業種区分	事業所数（企業数）	構成比（％）	就業者数（人）	構成比（％）	1事業所（企業）当たり（人）	年間売上高（億円）	前回比（％）	構成比（％）	1事業所（企業）当たり（万円）
教養・生活関連産業（3年周期調査）	13,735	100.0	480,499	100.0	35	90,667	―	100.0	66,012
クレジットカード業	358	2.6	47,435	9.9	133	16,583	15.2	18.3	463,216
葬儀業	4,107	29.9	50,933	10.6	12	8,914	14.2	9.8	21,705
フィットネスクラブ	1,881	13.7	67,874	14.1	36	3,858	18.4	4.3	20,509
カルチャーセンター	698	5.1	55,271	11.5	79	573	▲4.6	0.6	8,206
結婚式場業	2,826	20.6	98,668	20.5	35	8,911	▲11.0	9.8	31,534
外国語会話教室	1,144	8.3	32,955	6.9	29	1,928	5.6	2.1	16,852
新聞業、出版業	2,721	19.8	127,363	26.5	47	49,900	―	55.0	183,389

・「クレジットカード業」「外国語会話教室」「新聞業、出版業」は企業数である。
・就業者数は、該当部門の従業員数にほかの事業所などからの出向・派遣者（受入）を加えて算出したもの。
・「クレジットカード業」については、営業収入額。

表9-4 費用区分別、カルチャーセンター業務に関わる年間営業費用[13]

費用区分別	2002年 (百万円)	2005年 (百万円)	構成比 (％)	前回比 (％)
計	52,934	54,133	100.0	2.3
給与支給総額	26,854	23,244	42.9	▲13.4
広告・宣伝費	2,708	2,633	4.9	▲2.8
賃借料	8,316	9,076	16.8	9.1
土地・建物	7,901	8,616	15.9	9.0
機械・装置	414	460	0.8	11.1
教材作成費	1,349	846	1.6	▲37.3
その他の営業費用	13,707	18,333	33.9	33.7

員・正職員に限れば就業者全体の3.6％のみという事情を反映している[12]。

　表9-4は、カルチャーセンター業務に関わる年間営業費用を費用区分別に示したものである。2005年の場合、総額は541億3,300万円となっている。費用区分別にみると、もっとも高い割合を占めるのは「給与支給総額」で42.9％（232億4,400万円）である。ここには、先に指摘した非常勤講師の給与も含まれるが、そうした講師あっての事業ということがみてとれる。土地建物や機械装置にかかる「賃借料」は16.8％（90億7,600万円）で、広告・宣伝費が4.9％（26億3,300万円）となっている。教材作成費は1.6％（8億4,600万円）にとどまった。

　これらの数値を2002年と比較すると、合計で2.3ポイント上昇しており、営業するための費用が増していることがわかる。「土地・建物」や「機械・装置」の費用がそれぞれ9.0ポイント、11.1ポイント上昇している。一方で、下降しているのが「教材作成費」（マイナス37.3ポイント）、「給与支給総額」（13.4ポイント）、「広告・宣伝費」（マイナス2.8ポイント）である。総じて、事業のソフトにかかる営業費用が削られる傾向にある。

第3節　カルチャーセンターにおける学習

（a）雑誌記事にみる「カルチャーセンター」の特徴

　カルチャーセンターは、先述した1974年創設の「朝日カルチャーセンター」の登場以降、大きな発展を遂げたといわれる。現在でも、カルチャーセンターといえば、交通至便な都市部に立地した教室で楽しみながら自分に合った学習を行うというイメージがあるが、これは、1980年代にカルチャーセンターが大きく開設数を伸ばす中で形成されてきたといってよいだろう[14]。

一方で、それから約20年以上が経過した2009年現在、当時の人びとがカルチャーセンターにかけた熱気が理解しにくくなっているのも事実である。そこで、カルチャーセンターの拡大期に世間でいかなるイメージがもたれていたのかを考える一助として、カルチャーセンターに関する当時の雑誌記事を分析してみよう。

1980年代、新聞社や放送局、あるいは、百貨店がカルチャーセンター経営の主な担い手となる中で、彼らは自前の広告媒体を通じて、カルチャーセンターの社会的認知を高めようとした。その一例として、テレビ朝日が1986（昭和61）年に発行した『カルチャーセンター講座ガイド－知・性・派・女・性・の・い・き・が・い－　首都圏版』の記事をみてみよう。この本は、副題にもあるように、女性向けに編集されたもので、約6,200の講座概要が、「識る」「読む」「書く」「話す」「取りくむ」「身につける」「描く」「作る」「味わう」「彩る」「極める」「楽しむ」「受けつぐ」の見出しのもとに分類されている。華やかなカラー写真記事から始まり、人気講座の紹介や受講生の座談会の記事が掲載されている。[15]

一読してまず目に付くのは、受講者の「学びたいという気持ち」を大切にすることが強調されている点である。「講座選びの9のポイント」と題した特集は、「女の文化に、自分も参加。肩ひじ張らず、そのままの自分で始めたい。学びたいと思ったその気持ちを大切にするためにも」という見出しの文章から始まる。全体を通じて、学ぶことそのものを楽しむといった志向性や同じ関心を有する者が集うサロンとしての機能があることがアピールされている。そして、「暇つぶしなんてとんでもない！　C・Cは何かを得るための一つの場」といった見出しに象徴されるように、ただ単なる気晴らしといったレベルではなく、いわゆる自己実現につながることが謳われていることも特徴であろう。[16]

カルチャーセンターにおける学びが「金銭にかえられない」価値をもつという点を積極的に述べている点も見逃せない。たとえば、月に20万円を超える交通費を使って週一回宮崎から東京の講座に通っている「まったくふつうの主婦」を紹介したコラム記事がある。そこでは、「自分がひとつのことに夢中になることで、自分の知らない自分が見えた気がします。そのおかげで人に対する理解も以前よりできるようになった気がするんですよね」という受講者の声

に対して、「金銭の損得という物差しでは、はかれないものということだ」とコメントされている。月20万円という金額は当時としても珍しい事例ではあるようだが、決して無駄遣いではない「自分への投資」が先端的な女性の生き方として好意的に受け止められる雰囲気を醸し出している。

（b）1980年代当時の学習者像

以上のような特徴をもつ雑誌が社会に流通した背景を考えるには、当時におけるカルチャーセンターの主要な顧客であった「専業主婦」層の特徴について考える必要がある。1980年代半ばに50～60歳代であった女性は、都市における男性サラリーマン家庭の妻・母として高度経済成長期（1955～1973年）を現役で経験した世代である。彼女たちは、社会の急激な変化のなかで、耐久消費財の普及による家事の形態の変化や余暇の増大を肌で感じた。戦前の教育体制下で十分な高等教育を受けられなかった女性たちは、学ぶことそのものに憧れと意欲をもち、平均寿命の上昇によって長くなった老後を心豊かにすごしたいと願った。さらに、その下で40歳代を迎えていたのが団塊の世代（1947～1949年生まれ）である。戦後の教育制度のもと、親世代よりも高学歴であった団塊世代の専業主婦たちには、子育てが一段落すれば自分のために時間とお金を使って学びたいと考える者も少なくなかった。[17]

しかし、彼女たちにとって、学習活動はあくまでも家事労働を引き受けた上で取りくむべきものであった。先の雑誌でも、「家事をキチッとこなし、どうどうと胸張りながら家を出る」というコピーで"デキル"受講者像が描かれている。「日常茶飯事」という言葉どおりに、日ごろあたりまえにやられている家事ほど、なされなくなった時の反発は大きい。にも関わらず、きちんとこなしている間はあまり価値を認めてもらえない。そのことを自覚的に捉えていたから、女性たちには主婦役割だけでは家庭に埋没してしまうという疎外感があったのではないか。雑誌の中には「主婦である前に女、女である前に人間。エンジョイ、カルチャーライフ。」というコピーのもと、「家にこもっても一生。外に出ても一生。器の中しか知らないなんてつまんないですね」といった女性のコメントが掲載されている。

（c）近年の受講動向

それでは、近年の受講動向はどのようになっているだろうか。『実態調査』

によれば、カルチャーセンターの受講生は減少傾向にある。**表 9-5** の右側は、2005 年の延べ受講者数、およびそれを 2002 年時の結果と比較したものである。2005 年は、延べ受講生数 709 万 7,867 人で、2002 年比 4.8 ポイントの減少である。

領域別にみると、実数では小さいものの「職業生活・技術の向上」、「市民意識・社会連帯意識」が、それぞれ 55.0 ポイント、57.3 ポイントと 5 割以上の減となった。また、「家庭生活・技術の向上」も 27.2 ポイント減らしている。ただし、「体育・レクリエーション」だけは、12.8 ポイントの増加となった。『実態調査』では、「健康意識の高まりを背景に、目的別による講座の設置、人気のヨガやピラティスなどを取り入れた講座が需要と合致したことにより、増加となった[19]」と分析されている。

こうした状況に対する経営方策の一端が、延べ講座数のデータに表れている。表 9-5 の左側に示すように、2005 年の延べ講座数は、2002 年と比べて全体で 37.9 ポイント増加した。特に、「体育・レクリエーション」で 54.1 ポイントの増加、次いで、「教養の向上」が 47.2 ポイント、「趣味・けいこごと」が 36.3 ポイント増加している。「市民意識・社会連帯意識」についても 34.0 ポイント増えている。『実態調査』によると「受講生獲得を目的とした 1 日（1 回）のみの特別講座の増加、また受講回数を減らす事による講座の分割などが影響している[20]」ということである。

それでも延べ講座数と延べ受講者数の結果を比較してみると、延べ講座数で 5 割以上の増加となった「体育・レクリエーション」でさえ受講者数は 1 割増となっただけであることがわかる。中心的な領域である「趣味・けいこごと」や「教養の向上」においても、講座数を大幅に増やして、ようやく受講生の減

表 9-5 領域別、延べ講座数および延べ受講者数[18]

領域別	延べ講座数				延べ受講者数			
	2002年	2005年	構成比（％）	前回比（％）	2002年	2005年	構成比（％）	前回比（％）
計	138,534	190,998	100.0	37.9	7,457,982	7,097,867	100.0	▲4.8
教養の向上	19,932	29,332	15.4	47.2	960,496	898,152	12.7	▲6.5
趣味・けいこごと	78,588	107,088	56.1	36.3	3,735,958	3,415,083	48.1	▲8.6
体育・レクリエーション	23,578	36,333	19.0	54.1	2,016,495	2,274,072	32.0	12.8
家庭教育・家庭生活	6,873	7,442	3.9	8.3	279,646	203,686	2.9	▲27.2
職業知識・技術の向上	4,897	5,643	3.0	15.2	224,786	101,107	1.4	▲55.0
市民意識・社会連帯意識	580	777	0.4	34.0	39,465	16,835	0.2	▲57.3
その他	4,086	4,383	2.3	7.3	201,136	188,932	2.7	▲6.1

少幅を抑えている現状にあるようだ。

第4節　生涯学習社会におけるカルチャーセンターの役割

(a) カルチャーセンター冬の時代と官民連携の議論　－1990年代－

前節でみた受講状況の変化をもたらした背景を、もう少し考えてみよう。

1990年代、カルチャーセンターはこれまでにない困難な状況に陥った。全国民間カルチャー事業協議会の代表幹事を務めた山本思外里(やまもとしげり)は、この時代を内憂外患の冬の時代と称している。[21]「内憂」とは、カルチャーセンターの内部事情にまつわる問題で、「施設の老朽化と講師・受講者の高齢化に加え、バブル以後、消費者の好みの多様化と細分化が進み、従来の人気・定番講座が分解しはじめた」と指摘している。「外患」は、1990年の「生涯学習振興法（生涯学習の振興のための施策の推進体制等の整備に関する法律）」の成立以後、主な県や市にカルチャーセンターの施設水準を超えるような生涯学習センターが整備され、これに拡大を遂げる大学公開講座も含めて、価格競争が不可能な「官製カルチャーネットワーク」が誕生したことを指している。

1990年代を行政側の立場でもみてみよう。生涯学習振興法の成立後、当時の文部省は生涯学習局生涯学習振興課に民間教育事業室を設置し、地方レベルでは、官の施設を使った民間の事業が行われるといった展開をみている。しかし、1990年代も後半になると、行政改革のうねりが本格化し、行政が自前の教育事業や施設を委託化する動きも顕著になってくる。ついには、1998年の生涯学習審議会答申「社会の変化に対応した今後の社会教育行政の在り方について（1998年、生涯審答申）」において、多様化する住民のニーズに社会教育行政のみで対応するのは困難となった点を認め、民間とのパートナーシップがうたわれた。行政サイドからはっきりと方向が打ち出される中で、カルチャーセンターの側も行政との連携状況について全国調査を行い、行政に対する要望をまとめた。

カルチャーセンターが行政による事業委託の単なる下請けとならないために、両者の対等な関係づくりを強調した論調も登場した。2001年の時点で、「現状の官民連携講座では、既存の官による学習講座とのバランスにおいて民側がきめ細かな配慮を行っているが、今後は行政主導でなく、イコールパートナー

シップを構築することを前提として、民側としても官側から信頼されるに足る実力を示す必要があろう(22)」という指摘がなされている。

（b）今後の課題

　民間セクターにおける生涯学習を考察する上で、本章では、カルチャーセンターに焦点をあてた。分析にあたってはいうまでもなく行政社会教育との比較という視点がある(23)。たとえば、カルチャーセンターの特徴として、①有料であること、②交通至便の立地により学習圏域が広い、③自己の内面的充足を主目的としている、④学習者の個別行動が重視される、といったことがある(24)。これらは、行政社会教育における活動が、①無料を原則とすること、②生活圏域での活動、③公共的課題解決の学習を重視する、④団体主義を基本とする、といった特徴を有していることを下敷きにして導かれるわけである。

　時間軸でいえば、第二次世界大戦後に行政社会教育が成立し、時代状況の変化とともに、それだけでは人びとの思いが満たされなくなってきた1970年代以降、カルチャーセンターの時代が幕を開けることとなる。カルチャーセンターの歴史から学ぶべき要点の一つは、「自己の充実のために学ぶ」組織的な学習機会を一般の人びとが本格的に手にした初めての事象であるという点である。官民連携の方策も、その延長線上で民間セクターを育てていくように機能しなければ、大きな意味を持ちえない。

　さらに、民間の営利部門ということでいえば、当然ながら、その市場性と生涯学習の関連についても考える必要があろう。市場原理によって競争が生じれば学習者のニーズにきめ細かく対応した質の高い学習機会が創出できる。これは受益者である学習者にとってのメリットである。さらに、独自の知識や技術、アイディアでもって教育活動を行いたいと考える者にとっては、市場に参入することで想いを実現するチャンスを手に入れることができる。この点は、生涯学習社会を多元的価値で構築する上で重要な機能といえよう。

　そうした視点でみると、カルチャーセンターの運営企業に「その他」業種の割合が増加していたことは望ましいことなのかもしれない。今後はその実態を把握し、注視していくことが求められる。その一方で、新たな民間活力の登場を促すためにも民間セクターにおける生涯学習のあり方について、従来のような「カルチャーセンター」の枠組みのみに固執しないことも重要だ。その際は、

新たな教育的価値を生む教育モデルと経営を成り立たせるビジネスモデルとの融合が図られなければならないだろう。

【注】
（1）経済産業省経済産業政策局調査統計部編『平成17年特定サービス産業実態調査―カルチャーセンター編―』、2006。（以下、注においても経済産業省による同様の調査を『実態調査』と略記する）
（2）瀬沼克彰「教育改革の時代と民間教育事業の課題」、『日本生涯教育学会年報』第22号、2001。
（3）同上。
（4）『実態調査』、2006。
（5）文部科学省生涯学習政策局調査企画課『平成17年度社会教育調査』、2006。
（6）『実態調査』、2006。ただし年号については、原本の元号表記を西暦に改めて作成。以降の同調査から引用した表も同様。
（7）『実態調査』の平成14年版（2003）と平成17年版（2006）のデータを合わせて筆者が作成。
（8）『実態調査』、2006。
（9）近鉄文化サロン『総合カルチャーセンター講座ご案内2008年10月〜2009年3月版』。
（10）『実態調査』、2006。
（11）同上。
（12）同上。
（13）同上。
（14）こうした認識は、すでに研究レベルでも共有されていた。倉内史郎は、1983年刊行の著書の中で、大阪大学人間科学部社会教育論講座による朝日カルチャーセンターの調査結果を引用して、「金はかかるが、たのしくて、充実している」と読み取れるとの分析を行っている。
　　　倉内史郎『社会教育の理論』第一法規、1983。
（15）テレビ朝日『カルチャーセンター講座ガイド―知・性・派・女・性・の・い・き・が・い―首都圏版』、1986。なお、本文中にカギカッコで抜粋した雑誌記事の表現は、すべてこの雑誌から引用している。
（16）お勧め講座に関する紹介記事からは当時の雰囲気がよく伝わってくる。具体的に、記事の見出しをいくつか抜粋しておこう。
　　・「北海道や九州から受講しに来る人も。理由は『人形が好き』。それだけで十分

なのです。」(「創作ピエロ人形」講座)
・「自分の表現力を豊かにし、自分の世界を広げる。手話はあくまでも自分のためのものです。」(「ボランティアのための手話指導」講座)
・「教室はひとつの社交の場。楽しい雰囲気を大切にしていて、いつでも笑いが絶えません。」(「ウィッキーさんのワンポイント英会話」講座)
・「花瓶を作るつもりが大きなトックリに…。でも、出来はともあれ皆さん一生懸命なのです。」(「陶芸」講座)

(17) 山本思外里『大人たちの学校　生涯学習を愉しむ』中公新書、2001。
(18) 『実態調査』、2006。
(19) 同上。
(20) 同上。
(21) 山本、前掲書。
(22) 田中美子「市場の活力を生かす学習支援」、白石克己・田中雅文・廣瀬隆人編『「民」が広げる学習世界』ぎょうせい、2001。
　　その他「官民連携」に関する議論として以下を参照。
　　　佐々木英和「民間セクターによる社会教育」、鈴木眞理・松岡廣路編『社会教育の基礎』学文社、2006。
(23) たとえば、次の論文を参照。
　　　山本慶裕「生涯教育機関としてのカルチャーセンター(2)―「社会教育事業における公共と民間の役割分担論」再考―」『東海大学文明研究所紀要』第10号、1990。
(24) 鈴木眞理「生涯学習支援に関する民間営利機関の役割」、鈴木眞理・津田英二編『生涯学習の支援論』学文社、2003。

第10章　NPOと生涯学習

　本章では、はじめにNPOとはどのようなものであるかを説明し、次にNPOがいかにして人びとの学習を支援・促進するのかについて、いくつかの事例と全国調査結果を踏まえて紹介する。最後に、自己アイデンティティと社会変革の側面からNPOと学習との関係を検討する。

第1節　NPOの概念と役割

(a) NPOの定義

　NPOとは"nonprofit organization"の略号である。言葉の直訳的な意味では、「利益を追求しない組織―つまり非営利組織―」である。しかし実際には、行政ではなく「民間の」非営利組織を指す用語として使われる。類似語として、NGO (non-governmental organization) がある。こちらは、直訳すると「政府(行政)でない組織―つまり非政府(非行政)組織―」であるけれども、実際には非営利の非政府(非行政)組織―つまり「非営利の」民間組織―を指す用語である。したがって、NPOとNGOはともに民間非営利組織を意味する。ただし慣習的には、国際協力の団体や環境保護の大規模な団体を指す場合にNGOとよぶことが多い。

　このような民間非営利組織としてのNPOについて、米国ジョンズ・ホプキンス大学の非営利セクター国際比較プロジェクトでは、次の5条件を満たすものと定義している。[1]

①組織としての体裁をもつ（持続性・規則性など）：organized
②非政府・民間の組織である（政府から支援を受けていても、政府に属していなければいい）：private

③利潤を分配しない（利潤を主目的とせず、利潤の分配もしない）：non profit-distributing
④自己統治（組織内の統治機能、独立した決定権）：self-governing
⑤自発性（会員や参加は自発性に基づくもの）：voluntary

　上記のうち、②は民間、③は非営利、①は組織を表す条件であるため、冒頭に述べた「民間非営利組織」という言葉自体の意味を確認しているにすぎない。したがって、ジョンズ・ホプキンス大学のプロジェクトでは、とくに自己統治と自発的な参加を兼ね備えた民間非営利組織をNPOと呼んでいるものと解釈できる。

（b）NPOの範囲

　日本における組織類型をみたとき、民間の非営利組織という言葉の意味に即してNPOに該当するものをあげると、特定非営利活動法人、財団法人・学校法人等の公益団体、協同組合等の共益団体、社会貢献を目指した任意団体である。もっとも、これらすべての民間非営利組織を総称してNPOとするのは、NPOの範囲に関する最広義の解釈である。一方で、特定非営利活動法人がNPO法人、これを「認証」するための特定非営利活動促進法がNPO法と略称してよばれることから、特定非営利活動法人のみをNPOとよぶ最狭義の解釈も存在する。

　このように、NPOの範囲については、最広義から最狭義まで多様な解釈がある。一般的には、特定非営利活動法人と社会貢献を目指した任意団体を合わせてNPOとよぶことが多い。これは、市民団体の現実をとらえようとするとき、分野によっては法人と任意団体を区別することに大きな意味がないからである。つまり、市民団体が活動を行うために法人格が必要かどうかの程度、ひいては当該団体が法人格を取るか否かの判断（要するに特定非営利活動法人として活動するか、任意団体のままで活動するかの判断）が分野によって異なっているのである。

　なお、財団法人や学校法人など公益法人の設立許可においては、所轄の行政機関が当該団体の実態審査を行い、そこにおける裁量の余地が大きいとされている。これに対し、特定非営利活動法人の場合は所轄の行政機関が書面審査の

みを行い、特定非営利活動促進法第12条に規定する設立要件に適合すると認められる場合には、設立を認めることになっている。このようなことから、特定非営利活動法人の設立を認める手続きは、「認可」ではなく上記のように「認証」とよばれている。法人格の有無によらずNPOの範囲に含めるという前述の一般的な解釈の背景には、法人の設立が、こうした書類審査を経た「認証」によって認められるにすぎないという事情もある。

(c) NPO法人の概況

ここで、NPO法人（正式には特定非営利活動法人）の概況をみてみよう。

1998年にNPO法（正式には特定非営利活動促進法）がスタートして以来、同法に基づいて認証されたNPO法人の数は、着実に増加してきた。2001年には5,000団体、2003年には10,000団体、2005年には20,000団体、そして2007年には30,000団体を超えた。なお、内閣府「平成19年度　市民活動団体基本調査」(2008) によれば、常勤の有給職員のいないNPO法人が5割、1～4人という法人が3割を占めており、NPO法人の活動の多くがボランティアによって支えられていることがうかがわれる。

それでは、NPO法人はどのような分野で活動しているのだろうか。NPO法では、下記に示す17の活動分野が提示されており、各法人はこの中から選択して定款に活動分野を記載することになっている。

① 保健・医療又は福祉の増進を図る活動
② 社会教育の推進を図る活動
③ まちづくりの推進を図る活動
④ 学術・文化・芸術又はスポーツの振興を図る活動
⑤ 環境の保全を図る活動
⑥ 災害救援活動
⑦ 地域安全活動
⑧ 人権の擁護又は平和の推進を図る活動
⑨ 国際協力の活動
⑩ 男女共同参画社会の形成の促進を図る活動
⑪ 子どもの健全育成を図る活動
⑫ 情報化社会の発展を図る活動
⑬ 科学技術の振興を図る活動

⑭ 経済活動の活性化を図る活動
⑮ 職業能力の開発又は雇用機会の拡充を支援する活動
⑯ 消費者の保護を図る活動
⑰ 前各号に掲げる活動を行う団体の運営又は活動に関する連絡、助言又は援助の活動

そのようにして定款に記載された活動分野を内閣府が集計した結果[(2)]によると、保健・医療・福祉を活動分野とするNPO法人が最も多く58.1%を占める（2008年6月30日時点）。このほか、4割を超える活動分野は、社会教育、まちづくり、子どもの健全育成、連絡・助言・援助である

定款にはいくつでも活動分野を記載できるので、上記の結果だけでは、それぞれのNPO法人が何を中心に活動しているのかわかりにくい。そこで次に、どの分野が最も活動の中心になっているかをみてみよう。先にあげた内閣府の基本調査の結果によると、主な活動分野を一つだけ選んでもらった結果は、保健・医療・福祉が最も多く36.6%である。その他の分野はいずれも1割程度かそれに満たない。具体的には、環境保全11.8%、学術・文化・芸術・スポーツ10.0%、子どもの健全育成8.6%、まちづくり7.7%となっている。社会教育は2.5%にすぎない。

以上のことから、NPO法人の分野別傾向としては、保健・医療・福祉を中心に活動している団体が最も多く、これに比べるとほかの分野を中心とする団体は少ないことがわかる。社会教育の分野で活動する団体の割合は高いものの、これを主な活動分野としている団体の割合はきわめて低いこともわかる。

（d）**現代におけるNPOの役割**

現代社会は、長期にわたる貨幣経済の成長と成熟化・限界化の中で、企業を中心とする市場メカニズムが肥大化し、数々の問題を抱えるに至った。例をあげるならば、環境、福祉、青少年育成などに、さまざまな社会的課題が山積している。

一方、公共的な領域は国家・地方自治体がほとんど担っているものの、これらの諸問題をすべて解決できるほどの包括的な役割は果たしていない。つまり、企業を中心とする市場メカニズムと、行政機関を中心とする国家・地方自治体の仕組みは、いずれも現代の多様な社会的課題を解決するには十分な機能を発

揮できないのである。そこで、近年ではNPOなどの第三セクターに対し、上記のような公共的な課題の解決を先導する役割が期待されている。

それでは次に、NPOがどのようにして人びとの学習を支援・促進するのか、その具体的なイメージをつかむために、いくつかの事例を取り上げて学習の実態をみてみよう。

第2節　NPOにおける学びの諸相

（a）新しいタイプの学習機会

NPOは公的な制度や人件費の制約から比較的自由であるため、公共機関と企業（カルチャーセンターなど）には提供できない学習機会を生み出すことが可能となる。

たとえばNPO法人神田雑学大学（東京都千代田区）では、講師謝礼、会場費、受講料に金をかけないという「3タダ制」の学習講座を毎週開催している。講師は知識人、元企業人、社会活動家など、さまざまな分野から講師料無しで依頼し、会場としては千代田区ボランティア・センターを無料で借りている。このように講座開催にあたっての経費がかからないため、受講料も無料にできる。「3タダ制」は通称「雑大方式」とよばれ、その元祖は1979年に発足した吉祥寺村立雑学大学（東京都武蔵野市、任意団体）である。現在、東京都を中心に10団体程度（多くは任意団体）が「雑学大学」を名乗って「3タダ制」の学習講座を開いている。

なお、神田雑学大学では、「3タダ制」の講座以外に多様な活動を展開しており、たとえば「江戸ソバリエ」講座を開催している。ソバリエとは、ワインに関する専門職であるソムリエをもじった「蕎麦通（てばつう）」のことである。「江戸ソバリエ」講座では、江戸蕎麦に関する総合的な知識・蘊蓄を養成するため、座学のほかに蕎麦打ち、蕎麦の食べ歩き（これは蕎麦屋の活性化につながる）、レポートなどを課している。

以上の例にみるように、講師に謝礼を払わない、蕎麦屋での消費行動を義務づけるなどは、行政主催の講座ではなかなか実現できないものであるし、「3タダ制」や「ソバリエ養成」などを市場原理に基づくカルチャーセンターなどの企業が行おうとしても、多くの困難があるだろう。

(b) 対人援助の活動

　福祉、災害救援、人権擁護、子ども育成など、対人援助に関するNPOの活動範囲は広い。対人援助は、もちろん相手のために必要な援助を提供するサービス活動である。しかし、サービスに対する援助対象者からの反応が、援助側のスタッフやボランティアに対して発見、気づき、成長契機といった大きな学習効果を生み出すことがある。たとえば、1995年の阪神・淡路大震災におけるボランティアと被災者との関係を分析した諸研究によれば、ボランティア自身が被災者からの反応によって自己変容を遂げていく、という事実が明らかになっている。

　震災のような緊急的な場面でない日常の援助活動でも、やはり援助側の学習が喚起されることが多い。在宅援助の活動を行っているNPO法人ケア・ハンズのメンバーの報告は、そのことを象徴的に語っているといえるだろう。彼女は、自分が援助していた相手の方が亡くなったとき、次のようなことを手紙に書いて棺に入れたという。[3]

> （前略）Sさんと出会ったことは私の人生の大きな転換期の支えでした。60歳を過ぎてからの生き方を転換するのは気力的に私一人の力ではとてもできませんでした。Sさんに助けられてやっとここまでこれたと思います。本当にありがとうございました。（中略）またいつかお会いして、一緒に歌を歌いましょう。（後略）

　ここには、援助対象者から逆に支えられ、それを通して自分自身が学び、成熟したことへの感謝の気持ちがよく表現されている。このように、対人援助のNPO活動では、援助する側とされる側の相互作用によって、援助する側の学習が喚起されることが多い。

(c) 自然保護の活動

　埼玉県の西南部には広大な面積の雑木林（550ヘクタール）が残っており、ここには絶滅危惧種のオオタカが生息している。この雑木林を守るために1994年6月に発足した自然保護活動が「おおたかの森トラスト」で、財団法人埼玉県生態系保護協会所沢支部が中心となっている。募金をもとに雑木林の購入や借用を進め、それらの場所を拠点にして森の手入れやゴミ拾い、下草刈り、

しいたけ栽培、炭焼き、炭を使った川の浄化、子ども対象の「こどもエコクラブ」など、さまざまな活動を行っている。一方で、自然保護に関する法制度や政策の改革に積極的に取り組み、提案型の市民活動としても成果をあげてきた。

この活動では、次にあげるような学習を発生・充実させている。まず、森を舞台とした上記の野外活動は、生態系や自然破壊に対する理解を深めるための体験学習にほかならない。しかも、しいたけ栽培や炭焼きなどは、昔から地域に根づいてきた農業技術を伝承する活動でもある。一方で、生態系や法制度・政策の問題点について、文献購読、勉強会などを通して実際的な知識の習得にも取り組んできた。さらに、上記の体験学習・伝承学習と知識習得の成果を生かし、「おおたかの森」を守るための方策について討論や企画・立案を行い、制度・政策の提案と社会全体にたいするアピールへと活動を発展させてきた（このプロセスの全体が課題解決学習といえる）。

「おおたかの森」の活動は、自治会、学校、幼稚園、PTA、企業、行政機関など、あらゆる組織との協力関係によって行われている。そのため、子ども、保護者、若者、地域住民、企業人、行政職員といった人びとが、活動への参加を通して雑木林の現状と課題を学んでいるのである。

（d）学校支援

学校教育に対するニーズの拡大にともない、NPOのもつ教育資源が注目されている。たとえば環境教育では自然保護団体、福祉教育では社会福祉団体、国際理解教育では国際協力団体といった具合に、各授業の学習課題に関連するNPOのスタッフが社会人講師として学校に協力するケースが少なくない。ただし、もともと学校は特定の制度に基づいて効率的な教育を進める機関である。したがって、個々の教師は通常の教育活動のほかに、NPOを学校教育に生かすためのノウハウや時間的ゆとりをもっているわけではない。そこで、学校や教師と地域・社会の人材をつなぐコーディネーターの役割が重要となる。

たとえば、NPO法人スクール・アドバイス・ネットワークは、このようなコーディネーターとして活動しているNPOである。杉並区学校教育コーディネーターという位置づけのもとに、区内の小中学校との連携によって、外部人材を生かした授業の企画・実行の役割を担っている。総合的な学習の時間を中心に、職場体験、国際理解、自然との触れ合い、伝承遊びなど、さまざまな授

業の支援を行ってきた。さらに最近では、東京都の都立高校との連携によって、奉仕体験やキャリア教育のコーディネーターも務めている（東京都教育庁教育支援コーディネーター）。

このように、NPOは直接的に講師として学校教育の支援を行うばかりでなく、講師と学校とをつなぐコーディネーターとして活動する場合もある。生涯学習の基礎を培う段階である学校教育では、学校外の教育資源を生かすことによって広がりと深まりのある学習を促進することが重要であり、今後ともNPOの役割は大いに期待されるところである。

第3節　NPOの教育力

(a)　教育力の分類

本節では、NPOが人びとの学習を支援・促進する力を「NPOの教育力」と呼び、その実態を全国調査の結果をもとにみてみよう。そのために、まず教育力の分類を試みる。

私たちは通常、公民館やカルチャーセンターなどでの学級・講座、同好の志で結成する学習サークル、テレビなどの通信教育などで学ぶことを学習とよぶことが多い。それらは他の生活や活動といった諸状況から切り離され、一定の時間と空間を占有して行われる独立の活動としての学習である。

しかし一方で、私たちは日常の生活や諸活動の中で、それらを向上させようと苦労・工夫することによって多くのことを学んでいる。このような意味での学習は、時間と空間の占有を条件とせず、そして生活や諸活動といった諸状況と切り離されるのではなく、それらと表裏一体的な関係のもとに生まれ出るものである。いわば、「状況に埋め込まれた学習＝状況的学習（Situated Learning : SL）」である。(4)そのようにとらえると、前節で紹介した事例に表れた学習のうち、対人援助の活動から学ぶこと（ケア・ハンズ）、ゴミ拾いや下草刈りなど森を守るための野外活動で発生する学習（おおたかの森トラスト）、討論・企画・立案と提案・アピール活動を通した学習（同）は、すべて状況的学習にほかならない。

これに対し、先に述べた「諸状況から切り離され、一定の時間と空間を占有して」行われる学習は、非状況的学習とよぶことができる。前述の事例でいえ

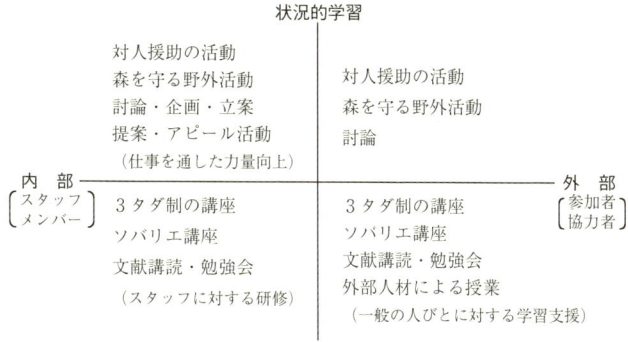

```
                              状況的学習
                                 │
            対人援助の活動        │    対人援助の活動
            森を守る野外活動      │    森を守る野外活動
            討論・企画・立案      │    討論
            提案・アピール活動    │
              (仕事を通した力量向上) │
  内 部 ─────────────────────────┼───────────────────────── 外 部
 ┌スタッフ┐                      │                        ┌参加者┐
 └メンバー┘  ３タダ制の講座       │   ３タダ制の講座        └協力者┘
            ソバリエ講座          │   ソバリエ講座
            文献講読・勉強会      │   文献講読・勉強会
                                  │   外部人材による授業
              (スタッフに対する研修) │   (一般の人びとに対する学習支援)
                                 │
                              非状況的学習
```

(注) 理論上、内部と外部の両方に該当すると思われる項目は、それぞれ記載した。
また、括弧内は次項「(b) NPO調査からみた傾向」でデータ紹介する三つの
教育力である。

図 10-1　NPO の教育力の類型

ば、３タダ制の講座（神田雑学大学）、ソバリエ講座（同）、森に関する文献購読や勉強会（おおたかの森トラスト）、学校支援として行われる外部人材による授業などにおける学習（スクール・アドバイス・ネットワーク）は、非状況的学習である。

一方、NPO が促進する学習は、NPO の内部に位置するスタッフやメンバーに発生する学習と、外部に位置する一般の参加者や協力者に発生する学習に分けることができる。そうすると、状況的・非状況的、内部・外部という分類軸の組み合わせによって、図 10-1 に示す四つの類型を想定することができ、上記であげた学習の具体例はそれぞれの次元に位置することになる。

(b) NPO 調査からみた傾向

ここに、NPO の教育力についての全国調査の結果がある[5]。これは、2002 年 1～2 月に実施した NPO 法人の悉皆調査であり、住所の判明する NPO 法人のすべて（4,770 団体）に調査票を配布した。有効回収数 1,461 票、回収率 30.6%であった。下記にあげる三つの調査結果のうち、

　①は非状況的＝外部
　②は非状況的＝内部
　⓪は状況的　＝内部

の学習を主に促進するものである。それぞれのデータをみてみよう。

① 一般の人びとに対する学習支援

組織の外部に向けた学習支援の実態を尋ねた結果によると、「とくに学習の場は提供していない」と回答した団体は7.7％にすぎない。つまり、ほとんどのNPO法人は社会に向けて学習支援の活動（学習機会の提供やそれに類した活動）を行っている。実施率の高いものから順にあげると、学習会（講座・講演・ワークショップ・セミナー）71.1％、情報提供・相談58.0％、イベント（テーマイベント・映画・演劇・フェスティバル・展示）46.7％、交流会（パーティ・親睦会）45.4％、発表会（シンポジウム・フォーラム・報告会）41.3％などである。このようにNPO法人は、さまざまな方法によって人びとの学習支援を行っていることがわかる。

② スタッフに対する研修

スタッフに対する研修機会の提供については、次の通りである。実施率の高いものから順に例示すると、スタッフ同士の学習会の開催（57.3％）、外部の研修機関への派遣（49.8％）、NPO関連の情報誌・文献の購入（41.5％）、独自の研修プログラムの実施（31.5％）、資格取得の促進（29.5％）などとなっている。これをみると、質の高い社会貢献活動を行うために、NPO法人がさまざまな研修に力を入れている様子がみてとれる。

③ 仕事を通した力量向上

NPOのスタッフは、企業従業員などの場合と同様、さまざまな局面を乗り切ることによって力量を向上させていると考えられる。そこで、調査ではNPO活動に発生しやすい局面をあげ、それぞれが力量向上に結びついているかどうかを尋ねている。多くの項目で「かなり結びつく」と「まあ結びつく」の合計が7～8割に達しており、実際の活動を通して力量が向上しているという認識がされている。

とくに、「かなり結びつく」の回答率の高いものを例示すると、活動上の困難な問題を乗り切る（48.3％）、団体の設立目的を十分理解する（41.9％）、組織内の人間関係をまとめる（37.3％）、スタッフ同士で自由に討論する（36.9％）、専門家と共に活動する（36.4％）となっている。「為すこと」によって学ぶNPOスタッフたちの姿が鮮明に表れたデータといえるだろう。

以上に紹介したとおり、NPO の活動は組織内部のスタッフ・メンバーや外部の参加者・協力者に対し、さまざまな状況的学習、非状況的学習の機会を提供していることがわかる。なお上記では、外部に対する状況的学習を確認するデータがなかった。これについて例をあげるならば、NPO が一般市民の参加できるボランティア活動の場を提供し（たとえば、雑木林のごみ拾い）、そこに参加する市民に体験的な学習が発生する場合（たとえば、発生するごみの量や内容の実態を把握するとともに、それによって今日のゴミ問題の根深さを知る）などがそれに相当する。

このように、行政機関や企業では解決できない諸問題に取り組む NPO は、そうした実践を通してさまざまな形態と内容の教育力を発揮しているのである。

第4節　NPO の可能性　―アイデンティティ形成と社会変革―

本章でみてきたように、NPO はさまざまな学習支援・促進の機能を備えている。このような教育力は、NPO 活動に参加する個人や NPO 活動から影響を受ける社会にとって、どのような意味をもっているのだろうか。個人については自己アイデンティティ、社会については社会変革という観点から、この問題を考えてみよう。

（a）自己アイデンティティ

農村や下町のような伝統的な共同体においては、人びとは相互扶助やさまざまな共同活動に参加することを通して自己形成を遂げていた。それにともなって、みずからの役割と社会における自分の位置を確認し、安定的な自己アイデンティティを形成することができたのである。それに対し、共同体の仕組みが崩壊した現代の社会では人と人とのつながりが希薄になり、私たちは人間関係のしがらみから自由になった反面、確固たるアイデンティティ形成の促進環境を喪失してしまった。

そのような現代社会にあって、メンバーや参加者の連帯と共同的な活動によって支えられる NPO は、新しいタイプの共同体（コミュニティ）を生み出す装置といえる。よくいわれるように、伝統的な共同体が地縁的なつながりによって成り立っていたのに対し、新しい共同体としての NPO は、社会的使命（ミッション）や「志（こころざし）」によって人びとをつなげている。伝統的

共同体は運命的、NPO は選択的な共同体ともいえる。[(6)]

　NPO に参加する人びとは、そのようなつながりによって社会における自分の位置や力量を確認することができる。ミッションに基づく活動に取り組むとともにその結果を受け止めることによって、自分の可能性と限界を知ることもできる。こうして、NPO はその活動への参加者に対し、アイデンティティ形成のきっかけを与えることができるのである。個々人にとってその過程は、「自己をつくり、自己を知るための状況的・非状況的学習が組み込まれた、総合的な学習過程」といえるものである。

　(b) **社会変革**

　すでに述べたように、NPO は新しく沸き起こる各種の社会的ニーズに対し、行政機関や企業では果たしえない役割を担おうとしている。それらの試みは、社会教育（神田雑学大学）、社会福祉（ケア・ハンズ）、自然保護（おおたかの森トラスト）、学校教育（スクール・アドバイス・ネットワーク）などそれぞれの側面から、社会変革を推進する活動である。具体的には、次の通りである。

　神田雑学大学は、3タダ制やソバリエ講座など、市場原理でも行政サービスでもできないような社会教育の事業を実現させている。ケア・ハンズは、対人援助を通した人と人とのつながりを生み出しており、人びとが孤立しがちな現代社会の問題構造の改善に貢献している。おおたかの森トラストは、森を守るための地道な活動のみならず、それを成功に導くための法制度や政策の改革に対する提言やアピールの活動も積極的に行っている。スクール・アドバイス・ネットワークは、外部人材を活用した学校教育のプログラムを企画・開発しており、これは学校支援の側面から教育改革を推進する活動となっている。

　これらの社会変革の活動には、それぞれ固有の教育力が備わっている。神田雑学大学とスクール・アドバイス・ネットワークは、新しいタイプの教育プログラムを提供するものである。ケア・ハンズでは、対人援助の活動を通した援助者の学びが触発されている。おおたかの森トラストは、森を守る活動を通したスタッフや参加者の学びを触発するだけでなく、制度・政策の改革に必要な学習をつぎつぎと生み出している。このように、NPO の活動においては、「社会変革」と「その過程や結果から生み出される学習」とが表裏一体の関係でつながっている。

以上の（a）、（b）でみてきたように、NPOは状況的学習や非状況的学習の場を提供し、それによって自己アイデンティティのきっかけを与えている。一方、社会に対しては、学習と表裏一体となった社会変革の推進母体として貢献する。

このように、NPOは単に多様な学習支援や学習促進の役割を担うだけでなく、それらを組み込んだ自己アイデンティティと社会変革を生み出す装置として機能している。個人と社会と学習をつなげ、新しい世界を提案し、定着させる可能性を秘めているといえるだろう。

【注】
（1）Salamon, L.M., Sokolowski, S.W., *Global Civil Society : Dimensions of the Nonprofit Sector*, Kumarian Press, 2004, pp.9-10. なお翻訳表記は、中川芙美子「日本のNPOの全体像」、山内直人・田中敬文・河井孝仁編『NPO白書2007』大阪大学大学院国際公共政策研究科NPO研究情報センター、2007を採用した。
（2）内閣府NPOホームページ（http://www.npo-homepage.go.jp/）より。このサイトには、NPOの基本的な情報が掲載されている。
（3）NPO法人ケア・ハンズ「私たちにできること」2004、pp.56-57。
（4）レイヴ, J.、ウェンガー, E.（佐伯胖訳）『状況に埋め込まれた学習―正統的周辺参加―』産業図書、1993。
（5）科学研究費補助金（B）（1）平成13・14年度研究成果報告書「NPOの教育力と社会教育の公共性をめぐる総合的研究」（代表＝佐藤一子、東京大学大学院教育学研究科生涯教育計画コース、2003）より。なお、この研究成果をもとにした学術書として、佐藤一子編『NPOの教育力』東京大学出版会、2004が刊行されている。
（6）山口定『市民社会論』有斐閣、2004、p.238。

【引用・参考文献】
（a）山内直人『NPO入門（第2版）』日本経済新聞出版社、2004。
（b）佐藤一子編『NPOの教育力』東京大学出版会、2004。
（c）山内直人・田中敬文・河井孝仁編『NPO白書2007』、2007。
（d）田中雅文「後期青年期における自己アイデンティティとNPO ―再帰性と公共空間の視点からの試論―」、日本教育社会学会編『教育社会学研究』東洋館出版社、2005。

第11章　青少年の社会参加とキャリア支援

　日本において青少年の社会参加が声高に叫ばれるようになったのは、1970年代を迎えてからである。このことには国家的な在学青少年（小学校、中学校、高校に在籍する青少年）施策が本格化したことが背景としてあり、これらの施策と在学青少年を対象とした、行政さらには民間での社会教育活動とが密接に関わりつつ、各地域において青少年の社会参加を促す取り組みが展開していったのであった。

　本章では、まずこのように1970年代以降に青少年、それも主に在学青少年の社会参加が叫ばれるようになった背景を、当時の社会状況を踏まえつつ施策的動向を中心に概述する。次に1990年代以降に青少年の「参画」論の広がりを前提に、学校外に青少年の「居場所」づくりが展開していく過程に関して理解する。

　そして最後に青少年施策が、従来のややもすれば統制的・教化的ともいえる傾向から、青少年の自立支援・キャリア支援事業へと包括的に展開していく様相とその背景、さらには今後の展望に関して整理していくことにする。

第1節　青少年に求められる社会参加

(a) 1970年代における教育施策と在学青少年への関心の高まり

　さて、冒頭に示したように、青少年の社会参加が青少年施策上に取り上げられるようになったのは1970年代からであるが、同時期の教育施策上においても在学青少年への関心が高まってくる。

　1971年の「急激な社会構造の変化に対処する社会教育のあり方について（社教審答申）」および「今後における学校教育の総合的な拡充整備のための基本的施策について（中教審答申）」においては、同時期に政策上重視されてき

た生涯教育論を踏まえつつ、家庭教育・学校教育・社会教育の総合的な再編成や有機的な統合、すなわち学社連携の考え方が示された。これは高度経済成長期以降の核家族化の進展や急激な都市化などに伴い、家庭と地域の教育力が衰退し、さらには高校への進学率が上昇していった結果、学校現場に子どものしつけや教育に関わって過度な期待と負担がかかっていることが意識化されてきたゆえといえよう。

この時期以降、前述したように社会教育の領域においても、在学青少年を対象とする社会教育・学校外教育、後には「子どもの社会教育」と称されていく実践と研究の蓄積が始まっていく。

こうして、1970年代半ば、社会教育の対象としての青少年は低年齢化し、小学校から高校までに在籍する在学青少年が主となった。そして、高度経済成長期までは社会教育の主な対象であった勤労青少年への関心は、相対的に低下することになった。この傾向に伴い、青年学級振興法の廃止（1998年）に代表されるように、行政からの勤労青少年を対象とした事業や学習支援は縮小されていくのであった。

（b）戦後の青少年施策と在学青少年への着目

この時期の在学青少年への注目は、当然のことながら、それ以前からの国による青少年施策―青少年非行対策から継続する青少年健全育成の推進―とも連動していた。しかし、1970年代からの青少年の社会参加推進においては、総理府（現、内閣府）が統括する青少年施策がその主導的位置にあったといってよい。以下、その過程を概観してみる。

少年非行および少年犯罪は終戦直後の混乱期においてまずは問題となり、1951年がその第一のピークとされたが、この対応に当たって1949年に内閣官房に青少年問題対策協議会が設置された。同協議会は翌1950年には総理府の付属機関である「中央青少年問題協議会」に改組された。

つづいて1964年が第二のピークとされたが、このことから1966年より青少年問題対策協議会とその事務局（1958年設置）を青少年問題審議会および青少年局として改組した。それらの主導のもと、いわば官製国民運動である青少年健全育成運動が開始され、運動の推進主体となる青少年健全育成国民会議の結成をみた。なお、青少年局は1968年に青少年対策本部へと改組された。[1]

さらに、青少年非行・青少年犯罪の第三のピークとされたのが1978年であり、翌1979年には青少年問題審議会意見具申「青少年と社会参加」が、1982年には同審議会の答申「青少年の非行等問題行動への対応」が提出されるに至ったのである。

なお、これらの青少年を取り巻く社会的動向の推移と対応し、子どもを対象とした民間による学校外の教育・文化・スポーツ活動も1970年代から活発に展開していくことは見逃せない。

（c）1970年代以降における青少年の「社会参加」とは何か

ところで、1970年代から顕在化した青少年の社会参加推進の動きにおける「社会参加」とはどのようなことであったのか。青少年施策における「社会参加」の推進は、具体的には1972年の青少年問題審議会答申「青少年に関する行政施策の基本的な考え方について」において、「青少年もまた参加し、参画することによって責任を感じ、それがまた自負と誇りにつながり、生きがいに通ずるものである」として「青少年の参加の推進」が明記されたことに始まる。同答申においては、青少年や青少年団体の自主性、自律性を尊重し、「可能なかぎり青少年自身の手に企画・運営をまかすよう配慮することも必要である」とされた。

この方針を受けつつ、1979年の青少年問題審議会意見具申「青少年と社会参加」において、はじめて青少年の「社会参加」が明確に定義されたのであった。そこにおいては、「形の上だけでの参加、つまり、単に参加の形式を整えることではない」とされ、青少年自身が「自発的に進んで役割を遂行することによって、その集団や社会を自分たちのものと認識するようになる自主的選択の過程、さらにいえば、進んで新たな社会を創出していく過程が参加である」とされた。

この定義は、第6期青少年問題審議会委員（1976年8月任命）であり、意見具申の起草委員であった社会学者　松原治郎の青少年の社会参加論に基づいている。ここで松原の示した青少年の社会参加論は、ハヴィガースト（Havighurst, R.J.）の発達課題の理論を踏まえ、青少年が段階的に社会の諸活動に主体的に参加することを目指したもので、後に1990年代後半以降に子どもの「参画」として示される参加のあり方と通ずるものであった。

1979年のこの具申は、大人の青少年への過度の干渉や「青少年の健全育成という名のもとに大人がお膳立てした場に青少年を引き入れること」に苦言を呈するなど、青少年の主体的な社会参加を前提とする志向が全体に貫徹されている。これには、起草者の松原治郎の姿勢が反映されていることが想像に難くない。また、松原自身は青少年の余暇行動が刹那的な方向に至らぬように望ましい誘導行動が必要であることを、青少年の社会参加推進の前提としている。[4]

同具申においては、家庭・学校・職場（ここでは勤労青少年を対象としている）・地域社会とその場面を分けて社会参加の例示が行われている。学校においては、少年自然の家や青年の家などの宿泊型社会教育施設を積極活用することなどが謳われていることのほかは、児童・生徒を学校外の地域における団体活動に参加させるように促すこと、さらには地域での清掃活動やボランティア活動などに参加させることが共通してあげられており、それらが青少年の具体的な社会参加のあり方として示されたと捉えてよいであろう。

1981年の「生涯教育について（中教審答申）」でも、青少年の社会参加の促進が求められ、「青少年に奉仕活動などの場を与える」ことが例示されている。さらには先に述べた1970年代前半から展開する学社連携論においては、団体活動への参加およびボランティア活動への取り組みの促進が謳われている。

このように、1970年代における青少年の社会参加の促進の動きは、子ども会やボーイスカウト、スポーツ少年団などの地域における諸団体活動への加入促進と、ボランティア活動に焦点化されていったのである。

とはいえ、この時代から1980年代における青少年の社会参加の促進に関わって、文部省は特段の対応をみせたわけではなく、青少年の社会参加論を含めた積極的な学社連携論は一時的な掛け声に終始したと評価されているが[5]、そのことは後述するように、青少年施策における、青少年の主体的な社会参加論が低調になることにも関わっているのである。

（d）**生涯学習政策における青少年の社会参加**

続いて1980年代になり、学校教育中心的な教育体系から脱し、教育の総合的な再編――生涯学習体系の確立――を目指した一連の臨時教育審議会の答申によって加速化した生涯学習推進施策は、1990年の「生涯学習の振興のための施策の推進体制等の整備に関する法律」（生涯学習振興法）の制定へと至った。

その後、1996年の「地域における生涯学習機会の充実方策について（生涯審答申）」、1998年の「社会の変化に対応した今後の社会教育行政の在り方について（生涯審答申）」においては、学校週五日制への移行・学校のスリム化に伴い、在学青少年教育を対象とした社会教育の責任が高まることが指摘され、地域と家庭の教育力を高め、青少年の健全育成にあたることが求められた。そして、1999年の「生活体験・自然体験が日本の子どもの心をはぐくむ（生涯審答申）」、2002年の「青少年の奉仕活動・体験活動の推進方策等について（中教審答申）」という一連の答申においても、青少年の人格形成における奉仕活動や体験活動の意義が強調され、それらへの取り組みが推奨されてきている。

このようにみてくると、1970年代末以降に青少年施策において謳われた「青少年の社会参加」は、結局のところ地域における団体活動や各種地域活動への参加、そしてボランティア活動に収斂されていったのである。

その後、2004年の中央教育審議会生涯学習分科会による「今後の生涯学習の振興方策について（審議経過の報告）」以降になると、文部行政が主導する青少年対象の事業においても、青少年の自立支援・キャリア教育への取り組みが全面に打ち出されてくるのである。

第2節　1990年代後半以降における「居場所」づくりの展開

（a）「居場所」づくりと青少年の「参画」

前節で述べてきたように、青少年施策における「社会参加」には既定の枠組みが示されていったのに対し、1990年代後半以降には各地で「参画」を謳った青少年の教育や支援に関わる実践が展開していく。その前段階として1990年代に在学青少年を対象とした教育や支援に関わって「居場所」というキーワードが受けいれられていく流れがあった。

1990年代以降、不登校をはじめとする学校不適応の事態は、その頻発に伴い、徐々に特殊なものとしてでなく対応されるようになった。そのことが顕著となったのは、1992年に文部省が委嘱した学校不適応対策調査研究協力者会議による最終報告書、「登校拒否（不登校問題について）―児童生徒の『心の居場所づくり』を目指して―」が示され、それによって同年に文部省が「登校

拒否問題への対応について」を通知して以降であるといえる。ここにおいて、不登校（当時は「登校拒否」としている）がだれにでも起こりうることとされ、その解決において学校が児童・生徒の「心の居場所」としての役割を果たすように努めることが求められたのであった。さらには学校復帰を前提とした、フリースクールなどの民間施設への通所を出席扱いにすることが認められるに至った。[6]

以降、不登校や「引きこもり」といった問題がさらにクローズアップされていく中、「居場所」という語が青少年対象事業におけるキーワードとなり、現在に至って定着しているといえる。

この下、在学青少年を対象とした社会教育・学校外教育においては、個別利用が認められたり、利用に自由さが確保され、「癒し」の場づくりを前提とする施設作りや事業が進んでいく。そして、1990年代末からは「居場所」と冠した施設や利用形態を限定しないフリースペースが作られていく。

1990年代以降の「居場所」を掲げた施設空間として、主として不登校の児童・生徒が通うフリースクールや学習塾、学校外に開設され、主に放課後と土日の利用が前提とされた施設の設置や整備が進んでいく。

特に後者の学校外の「居場所」施設の展開に関してみると、大規模なものでは東京都杉並区にある杉並区児童青少年センター「ゆう杉並」（1997年開設）、小規模なものでは岩手県奥州市水沢区（開設当時は水沢市）の「ホワイトキャンバス」（1999年開設）が先駆的事例としてあげられる。両施設とも、スタッフの役割は「見守る」ことに主眼が置かれており、積極的な指導や介入はなされない。いわば利用者中心主義が前提となっているのである。さらには、利用者である青少年たち自身が施設の運営や事業の実施に際して「参画」していくことが進められてきた。「ゆう杉並」「ホワイトキャンバス」とも中高生を中心とした青少年と大人とが対等な関係にある運営委員会があり、後発の施設もそれにならっているといえよう。[7]

（b）子どもの権利条約と子どもの参画論の展開

上述の「居場所」施設の例にもみられるように、青少年の社会参加に関して、大人が企図した受身の「参加」から、青少年の主体的・能動的な取り組みを前提とし、活動の企画段階から参加していくことが理想とされる、「参画」志向

の活動が1990年代後半から目立つようになった。それには「子どもの権利条約」の日本における批准や、ハート（Hart, R.A.）に代表される子どもの参画論が果たした影響は大きい。

1989年、国連において「子どもの権利条約」が採択された。ここでは、従来保護の対象とされてきた子どもを、権利をもつ主体としてとらえ、そこでは「参加の権利」も謳われた。日本では同条約は1994年に批准されたが、子どもの「参加の権利」が日本において大きく注目されたのは、その理念が具現化されたハートの「参画のはしご」の提起によるものであったといえよう。

1990年代にアメリカの心理学者であるハートは、特に環境問題と関わって、子どもの「参画」のありようを8段階の「参画のはしご」として提示した。そこでは子どもたち自身がアクション・リサーチを行い、環境の現状把握から環境管理の計画立案・実施・評価までを行う実践例が示されている。

子どもが主体的に活動し、子どもと大人とが最終的には対等な関係で協働していくことを謳った参画のありようが、1990年代後半以降の日本における青少年の参画論の展開と、関わる実践に大きな影響を与え、上記の青少年による「居場所」づくりの展開を促したことは明らかである。

なお、前掲の「ゆう杉並」「ホワイトキャンバス」とも従来あった青少年参画型事業の延長線上に施設が建設・確保されてきた経緯がある。それにより開設時から青少年の参画が前提とされていたともいえ、さらには地域からの理解と協力が得られたのである。

これらの「居場所」施設や、そこを拠点とした青少年の活動の展開は、青少年の地域における主体的な社会参加の可能性を示す事例であると思われる。

第3節　青少年のキャリア支援をめぐる動向

（a）国の青少年施策の変化　—青少年健全育成から青少年自立支援へ—

1970年代における青少年施策における社会参加促進の動きは、1980年代以降の施策が主に社会問題化した青少年問題への対応に主眼が置かれたことから、その広がりはさほどみられなかったといえよう。

1982年の「青少年の非行等問題行動への対応（青少年審議会答申）」は、青少年非行の低年齢化、校内暴力の頻発、暴走族の増加等への対応を答申したも

のであった。以降の青少年施策は、同年の閣議決定「青少年の非行防止対策について」に基づいて総理府に非行防止対策推進連絡会議が設置されるなど、青少年非行の対応に焦点化された。なお1984年に総務庁の設置に伴い、「青少年問題審議会」および「青少年対策本部」は、総理府から総務庁へと移管された。[9]

1989年の青少年審議会答申「総合的な青少年対策の実現をめざして―当面の青少年対策の重点―」においては、従来通りの青少年非行への対応を踏まえつつも、引きこもりや「登校拒否」といった、学校「不適応」問題への対応を求めるものとなっている。以降の青少年施策に関わる審議会答申等をみても、引きこもり、いじめに代表される学校現場における対人関係の変化に起因すると思われる現象が社会問題化するに当たって、その対応を図るものとなっている。

そして、1994年の青少年審議会意見具申「『豊かさとゆとりの時代』に向けての青少年育成の基本的方向―青少年期のボランティア活動の促進に向けて―」にもみられるように、学校週五日制の拡大をにらみつつ、青少年健全育成の方法として改めてボランティア活動が位置づけられたのであった。

その後、青少年施策が大きく転換するのは、2001年になってである。その施策の主眼が青少年対策から「青少年育成施策」へと転換されたのである。これに際しては、同年の中央省庁等改革により、「青少年問題審議会」および「青少年対策本部」は廃止され、新たに設置された内閣府の「政策統括官（総合企画調整担当）」が青少年施策に関わる総合調整を担当することになったのである。[10]各省庁の上位に置かれる内閣府内にその統括担当が置かれたことは、青少年施策が国家的な課題として位置づけられたことを示すものであり、従来にない状況に青少年が直面していることが認識されたことでもあったのである。それは、青少年の社会的自立の困難さであった。

フリーター[11]と称される若年非正規雇用者の増加、後にニート[12]と呼ばれていく若年無業者が多く存在していること、早期離職傾向などによる若者の「経済的自立」の困難さが看過できない事態として社会問題化したのである。

1990年代初等にバブル経済が崩壊し、その後の長期不況は、いわゆる就職氷河期を招来した。さらに、この時期の規制緩和策の一環として派遣労働の職種の拡大が段階的になされていったことは、まずは製造業への新規高卒者の正

規採用を減少させていった。大卒の新規就業者中の正社員の比率もバブル崩壊直後の1992年には約90％であったものが、その10年後の2002年には60％強にまで減少した。こうして、若者は次第に不安定な非正規雇用の状態に置かれる傾向が強まっている。その結果、働きたくても働くことができない、あるいは働きつづけることが困難な若者が顕在化し、その存在がニートとフリーターとして相当の厚みをもった層として社会に存在することが認識されていったのである。

ここにおいて、国の青少年施策は、キャリア支援を施策の中心に置くことになる。さらにいえばその支援対象とするニート、フリーターが15歳から34歳までと定義されたときに、学校を経由してそのまま大人になることの困難さが、国家的課題として認識されたことがうかがわれるのである。

(b) 教育施策上にみる「キャリア教育」の概念

こうして2000年代になり、一躍、青少年施策および青少年対象の教育施策として浮かび上がってきたのが、キャリア教育なのであった。「キャリア(career)」とは、語義的には、職業・技能上の経験あるいはそれらの人生を通しての連鎖、というような意味であり、1990年代までの「キャリア」の用法はおおよそこのようなものであった。

その後、1999年6月の「学習の成果を幅広く生かす―生涯学習の成果を生かすための方策について―（生涯審答申）」において、生涯学習の成果が「個人のキャリア開発」に生かすことが求められたが、ここでの「キャリア」は「職業、職歴ばかりでなく社会的な活動歴を含む」とされている。このように「キャリア」は、本来、仕事をすること、働くことを中心に据えた人生上の経験に焦点が置かれてきた概念であったが、近年、特に「キャリア教育」の文脈においては、生涯における生き方・歩き方そのものを表す広いとらえ方がなされるようになってきたのである。

「キャリア教育」が施策上に初めて現れたのは、1999年12月の「初等中等教育と高等教育との接続の改善について（中教審答申）」においてである。そこでは「キャリア」とは何かを定義づけないまま、「キャリア教育」を「望ましい職業観・勤労観及び職業に関する知識や技能を身につけさせるとともに、自己の個性を理解し、主体的に進路を選択する能力・態度を育てる教育」とし、

学校と社会および小学校から大学までの各学校間の円滑な接続を図るための教育と位置づけている。ここにおいて義務教育段階からの「キャリア教育」の実施が施策に位置づけられたのであった。

その後、2004年1月の『キャリア教育推進に関する総合的調査研究協力者会議報告書―児童生徒一人ひとりの勤労観、職業観を育てるために―』において、「キャリア」は、「個々人が生涯にわたって遂行する様々な立場や役割の連鎖及びその過程における自己と働くこととの関係付けや価値付けの累積」とされ、「キャリア教育」は、「児童生徒一人ひとりのキャリア発達を支援し、それぞれにふさわしいキャリアを形成していくために必要な意欲・態度や能力を育てる教育」、端的には「児童生徒一人ひとりの勤労観、職業観を育てる教育」と定義されたのであった。この報告書における「キャリア」および「キャリア教育」の定義が、以降のキャリア教育推進施策に踏襲されていくのである。

第4節　キャリア支援施策の現状と課題

(a) 21世紀のキャリア支援の施策

青少年のキャリア支援・キャリア教育施策が本格的に展開したのは、同時期の2003年6月に提示された「若者自立・挑戦プラン」からである。同プランは、文部科学大臣・厚生労働大臣・経済産業大臣・経済財政政策担当大臣の4名によって構成された「若者自立・挑戦戦略会議」によって取りまとめられたもので、フリーターと若年失業者・無業者が増加している現状を踏まえ、3年間で若年者の勤労意欲の喚起や若年者の職業的自立を促進させ、フリーターなどを減らすことを目標としたものである。

その柱の一つには、文部科学省が主に進める、義務教育段階からの組織的・系統的なキャリア教育の推進が位置づけられ、関わって企業との連携を図りつつインターンシップなどの職業体験の促進を行うこと、フリーターへの再教育の実施などの取り組みが提起された。これらは、そのままその後の若者自立支援策の柱となっている。

2003年12月には、青少年育成推進本部から「青少年育成施策大綱」が発表された。ここでは重点課題として、

① 社会的自立の支援
② 特に困難を抱える青少年の支援
③ 能動性を重視した青少年観への転換
④ 率直に語り合える社会風土の醸成

が掲げられている。特に①、③に関わっては、学童期から青年期を通じてのボランティアなどの社会奉仕体験活動、キャリア教育および就職支援の展開、さらには公共への参画の促進が謳われた。

引き続き、2004年12月には前掲4大臣に新たに内閣官房長官を加えた若者自立・挑戦戦略会議が、「若者の自立・挑戦のためのアクションプラン」を提示した。そこでは学校段階からのキャリア教育の強化（ものづくり体験など）として、中学校を中心に5日間以上の職場体験やインターンシップの実施など、地域の教育力を活用した取り組みを実施するとした具体案が打ち出された。

以降、2006年12月の教育基本法の改正、それを受けての2007年3月の学校教育法の改正において、教育の目標と職業との関連が明確化されたこと、さらに2008年に公示された小学校・中学校学習指導要領の改訂、同年7月に閣議決定され公表された教育振興基本計画において、キャリア教育の意義や目的が明確化された。教育振興基本計画においては、特に重点的に取り組むべき事項の一つとして、キャリア教育の推進が位置づけられている。

こうして学校では職場体験などで仕事の現場を体験させることも通して、早期からの職業観・勤労観の育成を図り、併せて地域においては従来からあるボランティアなどの奉仕活動の促進が行われることが、現在の青少年の社会的自立を促す総合的な教育施策としても展開しているのである。

(b) キャリア支援の今後

近代の青少年施策では権威・権力に抵抗し、それらを破壊しうる存在としての青(小)年層を抑えつつ、一方としてそのエネルギーを国家的に利用していこうとする統制・教化的な志向が貫徹されていた。戦後においても安保闘争や大学紛争などの展開を背景に、同様の志向性が前提としてみられたのであるが、本章で取りあげた1970年代以降の青少年施策においては、次第に青少年は抑えるべき対象から、むしろ実社会へ手を尽くして導き出し、何とかして「大人」に仕立てていかねばならない対象へとその前提が転換し、現在に至ってい

る感がもたれる。しかし、この転換を青少年自身の資質にのみ帰しているとするのならば、その視点は前述のように見直さなければならないはずである。

　そのときに、現在取り組まれている学校の既卒者に対するキャリア支援、さらには在学段階でのキャリア教育に関わって、宮原誠一が1960年代に示した青年（期）教育再編成の視点が近年、見直されている[15]ことに注目したい。

　宮原の青年（期）教育再編論は、生産学習と政治学習の結合を通し、学校教育と社会教育・職業教育を連関させようとするものであり、その根幹は、青年が働き続けるために必要なことを、フォーマルにもノンフォーマルな形式においても適宜、選択的に学んでいくことができ、その学習権は公的に保障されることを求めているといってよい。[16]

　学校を経由してストレートに望む職に就くことが次第に困難になり、職業選択の時期も先送りされる傾向が強まっている現在において、働くため・働き続けるための学習の機会が適宜、それも生涯に継続して保障されていくことが求められるはずである。その意味において、現在展開するキャリア教育のように学校段階での職業観や勤労観の育成を図ることに重点化されるだけではなく、卒業後の職業社会の変化や個人の職業に関する関心の変化にも対応すべく、改めてリカレント教育の公的保障も求められよう。

　さらには、青少年が今後、成人として社会に参加していくときに、自分の社会における立ち位置を理解し、そこで必要なことを主張していける力、あるいは社会生活のさまざまなレベルにおいて直面する「政治」に向き合っていく視点と能力とが得られる機会が、在学する年代から取り組まれていくべきであると思われる。そのときに、今回取りあげた「居場所」づくりにみられるような、青少年の参画を前提とした活動がより活性化されるよう、多方面からの支援が図られるべきではないか。これらの活動においては、地域の大人から行政、さらには企業やNPOなどとも協働の関係が展開する可能性がある。その中でさまざまな合意形成のプロセスを経験するはずであり、そのことはまさに「政治」と向き合うことにもなるのである。

　これらのような取り組みがあってこそ、青少年の社会参加とキャリア形成とが有機的に連関し、かつ統一的に実現されていくのではなかろうか。

【注】
（1）内閣府共生社会政策統括官ホームページ中、「青少年行政の調整担当組織の変遷と内閣府の役割について（青少年の育成に関する有識者懇談会（第12回）配付資料）」(2008年10月1日閲覧)。
（2）小木美代子「戦後学校外・子ども地域施策の動きを追って」、白井愼・小木美代子・姥貝荘一編著『子どもの地域生活と社会教育』学文社、1996、pp.73-78。
（3）後掲松原、pp.164-194。
（4）同上、pp.212-222。
（5）小木（2）、前掲、pp.73-90。
（6）田中治彦「子ども・若者の変容と社会教育の課題」、田中治彦編著、2001所収、p.26。
（7）「ゆう杉並」の開設から開設初期の動向に関しては、鈴木雄司・佐藤裕「中・高校生の新しい居場所『ゆう杉並』―建設から運営まで中・高校生の参画をポリシーに―」、久田邦明編著『子どもと若者の居場所』萌文社、2000を参照。
　「ホワイトキャンバス」の開設に至る詳細に関しては、上田一成・安藤耕己「地方都市における青少年教育の歴史的展開と「居場所」の形成―岩手県水沢市を事例として―」、筑波大学教育学会第2回大会（2003年3月）発表資料（『平成14年度筑波大学人間学類社会教育課題研究（水沢市調査）報告書』、2003に所収）参照。なお、ホワイトキャンバスの公式ホームページは、開設の経緯から施設が紹介された記事なども掲載され充実している。
（8）ハート，R.（木下勇・田中治彦・南博文監修、IPA日本支部訳）『子どもの参画』萌文社、2000。なお、原著は1997年に刊行された。
（9）前掲（1）参照。
（10）同上。
（11）内閣府の『平成15年版　国民白書』（ぎょうせい、2003）においては、15歳～34歳の若年（学生と主婦を除く）のうち、パート・アルバイト（派遣を含む）および働く意志のある無職の人」(p.48)として定義されている。
（12）"NEET"（= Not in Education, Employment or Training）をカタカナ表記したもの。働いてもいない、学校に通ってもいない、職業訓練も受けていない若者の層を指す。1990年代末、イギリスのブレア政権の施策下に現れたものである。内閣府「青少年の就労に関する研究調査」(2005年3月)においては、15歳から34歳で、高校や大学などの学校および予備校・専修学校などに通学しておらず、配偶者のいない独身者であり、ふだん収入を伴う仕事をしていない「若年無業者」のうち、求職活動を行っていない層を「ニート」としてとらえている。日本においては2004年ごろから人口に膾炙されたとされる（本田由紀「現実―「ニート」論とい

う奇妙な幻影」、本田由紀・内藤朝雄・後藤和智『「ニート」っていうな！』光文社、2006、pp.17-21)。
(13) 内閣府『平成18年版　国民生活白書』時事画報社、2006、p.24。
(14) 後掲本田、2005。
(15) 佐藤一子『現代社会教育学』東洋館出版社、2006、p.13。また、労働と教育・学習の関連に関しては、田中萬年の指摘も参考になる（田中、2007）。
(16) 宮原誠一「青年教育再編成の基本的視点」、宮原編、1960所収。なお、宮原は小集団学習を「インフォーマル」なグループ活動などと表現するところがあるが、現在においては「ノンフォーマル」とする方が文脈から適切であると思われるため、本文中にはそのように表現した。

【引用・参考文献】
（a）田中萬年『働くための学習』学文社、2007。
（b）田中治彦編著『子ども・若者の居場所の構想』学陽書房、2001。
（c）本田由紀『若者と仕事―「学校経由の就職」を超えて―』東京大学出版会、2005。
（d）松原治郎『日本の青少年―青少年教育の提唱』東京書籍、1978。
（e）宮原誠一編『青年の学習』国土社、1960。

第12章　資格化社会の生涯学習

第1節　「学習成果の評価」論の登場

(a) 中教審答申 (1981)「学習成果の評価」

生涯学習の考え方が政策に導入された後10年余りを経た1981年、「生涯教育について（中教審答申）」で、一生涯におよぶ全生活場面にわたる学習機会の提供を標榜してきた生涯学習政策の中に、「評価」の観点を導入すべき必要性が指摘される。同答申には、次のような文言が盛り込まれている。

> 「我が国には、個人が人生の比較的早い時期に得た学歴を社会がややもすれば過大に評価する、いわゆる学歴偏重の社会的風潮があり、そのため過度の受験競争をもたらすなど、教育はもとより社会の諸分野の種々のひずみを生じている。今後、このような傾向を改め、広く社会全体が生涯教育の考え方に立って、人々の生涯を通ずる自己向上の努力を尊び、それを正当に評価する、いわゆる学習社会の方向を目指すことが望まれる。」（傍点著者）

学歴偏重社会から学習社会への転換の渡し舟とし、学習したことの「評価」を「正当に」機能させていくことが一つの方向性として示されたのである。それでは、「正当に評価する」とはどのような方法論に拠る評価のことを指しているのであろうか。同答申では、一生涯を、「成人するまでの時期」、「成人期」、「高齢期」に3期に分け、各期における学習機会の充実と学習成果の評価や活用に論及されている。

たとえば、高等学校における単位の累積加算などの履修上の弾力化、成人の大学修学への利便性を図るための単位累積加算制度や経験学習の単位化、生きがい充実に資する高齢者の社会参加促進などが、一部例示的に提示されている。

「正当に」の意味の構造的把握については、1980年代後半に出される臨時教育審議会の答申を待つことになる。

(b)「学習成果の評価」論の検討

さて、果たして、なぜこの時期に「学習成果の評価」論が登場したのであろうか。第一に学習機会の提供のみに終始していたのでは、学歴偏重社会のもつ偏執、すなわち、「どこの学校で学んだかという履歴」が単一価値として横行する社会の是正が困難であると認識されるようになった点が指摘できよう。学歴偏重社会というのは、「特定の学校で学んだこと」を問題視しているのではなく、特定の学校で学んだ履歴が唯一絶対の価値あるものとして社会に広く流通していくことを問題視しているのである。したがって、学歴偏重社会の是正を目指すならば、学ぶ場の拡充とあわせて、社会的流通可能性の高い「学習履歴」の選択肢を広げていくことが求められたのも必然の帰着であろう。

第二に、上述の1981答申から推察されるところでは、生涯学習における成果の評価は、「社会参加の促進」と密接に結びついている点を指摘できる。特に、学校における社会参加に対する積極的な意味づけの必要性や高齢期における生きがい確保のための社会参加の促進について詳細に論じられている点に照らすと、少子高齢化を背景とした人材の社会的活用が、学習成果の評価論を推進する一因となったと目される。

こうして必要視されるようになった生涯学習における評価であるが、当初より広く認知され導入をみたわけではない。むしろ、「各人が自発的意思に基づいて行うことを基本とするものであり、必要に応じ、自己に適した手段・方法は、これを自ら選んで、生涯を通じて行うもの」を生涯学習であると断じた先の答申（1981答申）を手がかりにして、果たして自由意志が尊重される生涯学習と「評価される」ということに整合性が認められるのかという議論が噴出する。

一歩譲って、「評価される」ことが各人の生涯学習の発展に寄与するものであったとしても、多様で個別的背景をもつ生涯学習の成果を、「正当に」評価する方法があるのであろうかという懸念は拭い切れないであろう。「正当に」評価する方法については、次に取り上げる臨時教育審議会で論議されることになる。

第2節　学習成果の評価に関する基本原則

（a）評価の「多元化」

　生涯学習政策において、学習成果の評価に確たる位置づけを与えたのが、臨時教育審議会による一連の答申であろう。まず、1985年の第一次答申において、「（前略）学歴偏重社会においては、『いつどこで学んだか』が個人に対する評価として重視されるのに対して、生涯学習社会は、『なにをどれだけ学んだか』を評価する社会である。」と断じ、第一に生涯学習社会とは「評価する社会」であること、第二に学校を含むあらゆる学びと一生涯にわたる学びの成果を評価の対象とすることが明示される。

　その上で、翌年の第二次答申には、評価の基本的方向性として、「（前略）人間の評価が形式的な学歴に偏っている状況を改め、どこで学んでも、いつ学んでも、学習の成果が適切に評価され、多面的に人間が評価されるように人々の意識を社会的に形成していくこと」、すなわち、生涯学習成果に対する評価の「多元化」が打ち出される。ここでは、学歴という一元的評価法に偏重していることへの打開策として「多元化」という言葉が用いられていることを読み取ることができる。しかしながら、「多元化」の内実についての言及はない。

　「多元化」の内実については、続く第三次答申において次の7点に集約されて掲げられる。

① 生涯にわたって営まれる教育・学習について、いつ、どこで学んでも適正に評価される社会を形成していくこと
② 評価の内容：知識、技術、技能、健康、人格特性など幅広く捉える
　　評価の指標：学歴、学習歴、資格、顕彰、経歴、職歴など様々
③ 評価結果の、家庭・学校・地域・職場などでの活用
④ 自己評価の重要性の認識
⑤ 学校・地域・職場間の流動性の拡大
⑥ 学校における学力以外の側面に対する積極的な評価
⑦ 特定分野に秀でた能力の伸張に資する評価

　まず特徴的なのは、自己評価よりもむしろ社会的評価に傾斜している点である。このことは、総論を除く6項目のうち②、③、⑤、⑥、⑦の5項目にわ

たって、何らかの社会的評価に関するものであることからも明らかであろう。社会的評価の指標について、これまでは学歴が中心であったのに対して、「特定の評価指標に過度に重視することによって生じる弊害には十分に留意する」（同答申）という認識のもと、学習歴や資格、職歴等指標の拡大を図っている。ここから読み取れる多元化とは、学歴に一元化しないための多元化である。

（b） 多元的評価における自己評価の位置づけ

このように、社会的評価について多くの記述を割いて強調されているのに対して、自己評価については④の1項目のみである。その取り上げられ方も、「（前略）社会や他人からの評価も大切であるが、達成感、充実感などの自己評価も生涯学習にとって重要であることを認識する必要がある」（同答申）という言及にとどめられ、具体的な内容・方法などについては触れられていない。社会的評価を述べるついでに自己評価に触れられている感は否めない。また別の角度からみると、自己評価と社会的評価の間の有機的関係への思慮も認められない。

市原光匡もまた、1980年代以降に生涯学習との関連で展開された学習成果の評価論を整理・検討していくなかで、「（前略）主として単位や資格に関する特定の領域において、他者評価を念頭に議論は展開され、学習者の自己評価を問題とした研究は少数にとどまってい」ることを問題視する。

少し古いデータになるが、筆者が携わった調査においても、社会的評価を求める一方で、3割強の人が自己評価を望んでいることが明らかにされた（表

表12-1 評価法に対する学習者のニーズ[1]

評価法に対するニーズ	％（人）
1. 自分自身で行う	31.3 (51)
2. 学習する仲間どうしで行う	22.1 (36)
3. 学習プログラムを提供した人や機関が行う	36.8 (60)
4. 授業を担当した講師や指導者が行う	48.5 (79)
5. 学習内容に関連する専門家や専門機関が行う	46.0 (75)
6. 高等教育機関かそれに準ずる機関が行う	15.3 (25)
7. 職場の人や組織が行う	29.4 (48)
8. 生涯学習成果を評価するために作られた独自の機関が行う	1.2 (2)

表12-2 学習者自身が考える成果の評価・活用の意義[1]

意　義	人数（％）
1. 自分自身にとって学習の励みになるから	144（87.8）
2. 学習の目標が立てやすく主体的、計画的に学習できるようになるから	80（48.3）
3. 学習成果を生かしてボランティアなどとして地域や社会に貢献したり活躍する自信がつくから	57（34.8）
4. 学習成果の評価結果を活用することにより、職業生活や日常生活を維持・向上させることができるから	55（33.5）
5. 学習成果に対する社会的認知度が高まるから	43（26.2）
6. 大学の単位や学位を取得することができるから	17（10.4）
合　計	164（100）

12-1）。何のための評価だと学習者が認識しているのか、という点と照らすと、より自己評価の必要性がみえてくる。表12-2によれば、高い比率で、「自分自身にとって学習の励みになるから」あるいは「学習の目標が立てやすく主体的、計画的に学習できるようになるから」評価を望む声が聞かれる。自己評価なしに、こうした意義の達成がかなうとは考えがたい。

第3節　生涯学習社会の構築と社会的評価

（a）学習成果をめぐる社会的評価と要請

上に掲げた臨教審第三次答申の総論部分（第2節（a）項の①に相当）については、この後に続く「新しい時代に対応する教育の諸制度の改革（中教審答申）」（1991）、「今後の社会の動向に対応した生涯学習の振興方策について（生涯審答申）」（1992）以降頻繁に目にすることになる、「生涯学習社会」の定義の端緒となったものである。1991年中教審答申では、生涯学習社会を、「(前略) 人々が、生涯のいつでも、自由に学習機会を選択して学ぶことができ、その成果が社会において適切に評価される」社会として規定する。その上で、生涯学習の成果の評価に関する方策を、次の三点に整理して提案する。

第一に学習成果を評価する多様な仕組みを整備すること、第二に学習成果のうち、一定水準以上のものを評価しそれを学校の単位に転換する仕組みを拡充

すること、第三に学習成果を広く社会で活用することの三点である。

　第一点目に関連して、整備すべき仕組みとして、技能審査認定制度に類するものが想定され、国や地方公共団体への期待が盛り込まれている。その一方で、「多様な仕組み」の中には自己評価やそれに類する文言を確認することはできない。すなわち、ここでいう多様な仕組みには、社会的評価のみが射程に含められているのである。

　第二点目は、いわゆる、学外学修成果の学校単位化を推奨する提案だといえよう。ここにいたって、ボランティア活動の学校単位化や入学前既修資格の入学後の単位化などが積極的かつ加速度的に進展していく。また、連動する形で、単位交換や単位互換、単位累積加算に関する議論と制度化も進められる。こうした一連の方策は、「学外学修成果」という社会的認知度の低い領域を、「学校単位」という社会的流通価値を広く認められた領域の基準に照らし「学校単位」へと転換させていくという方法論に拠る。一面でいえば、技術面においては、学校単位というものが確立されたものであったゆえ比較的容易であったという見方をすることができる。また、普及という観点からみても、一般に受け入れやすい側面はもち合わせていよう。

　しかしながら、この方法論は、学校評価への偏重を強化さえすれ是正するものでないという点は看過できない。学外学修成果を、学校単位に集約させてしまうことは、学校評価への一元化と軌を一にするものではなかろうか。

　第三点目に関わっては、一定水準以上の生涯学習成果を、公的職業資格の基礎となりうる仕組みを整備すべきことに言及されている。ここに、生涯学習成果の資格化への嚆矢をみて取ることができよう。

（ｂ）学習成果の活用論の台頭

　中教審に掲げられた第三の提案は、結果的に、その後の、学習成果への活用面に重点化されていく道を拓いたものとなる。1999（平成11）年の「学習成果を幅広く生かす－生涯学習の成果を生かすための方策について－（生涯審答申）」はそのタイトルからも明白に活用への傾斜を看取できる。そこには、学習成果の適切な社会的評価が担保されるべき生涯学習社会において、「これからはさらにその学習成果がさまざまな形で活用でき、生涯学習による生きがい追究が創造性豊かな社会の実現に結びつくようにしていかなければ」ならず、

これまで行政が中心的施策としてきた学習機会の提供から「生涯学習の成果の活用促進」に力点を移す必要性がふたたび論じられている。さらに、先の中教審の内容に照らすと、活用促進の中核に公的職業資格が想定されていることがみえてくる。

同答申では、具体的な活用策として、
①「個人のキャリア開発に生かす」
②「ボランティア活動に生かす」
③「地域社会に生かす」

の三点を掲げる。とりわけ、個人のキャリア開発の枠で論じられた、学習成果の記録（生涯学習パスポート）推奨と活用への橋渡しとしての「認証」システムの構築については、臨教審以来標榜されてきた「評価の多元化」をシステムとして具現化していく提案として注目に値しよう。認証とは、同答申では「学習活動の事実確認とその証明、公示の機能」と定義されている。

すなわち、公的機関によって示された範型に沿って、自分の学習活動の実績を当該機関の証明書つきで示す方法であり、公的機関のお墨付きを受けることで、成果の質的保障がなされるという次第である。結果として成果に対する社会的認知度や成果の流通可能性も高めることになるであろう。

たとえば、さわやか福祉財団では「ふれあいボランティアパスポート」（図12-1）と称して、活動記録を活動者自身が記入しそれを主催・後援者が認証す

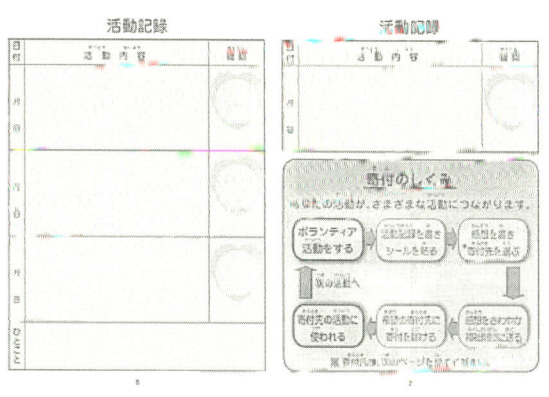

図 12-1 「ふれあいボランティアパスポート」

ることによって、成果が活用される仕組みが運用されている。

　これに類する試みは全国各所・さまざまな自治体でみることができる。学業資格に替わる学習歴評価の方法論は、その社会的流通可能性という点から、職業資格を除きまだ十分に見出されておらず、普及されているとはいい難い。しかしながら、ここで述べた「活用」に特化させた試みは、活用範囲の広さ・狭さはさておき、活用先さえ明確になれば実現可能であることから、一定普及をみているといってよいであろう。

　こうした動向の中で、2006年には「改正教育基本法」に、学習成果の活用が念頭におかれた条文

> 「国民一人一人が、自己の人格を磨き、豊かな人生を送ることができるよう、その生涯にわたって、あらゆる機会に、あらゆる場所において学習することができ、その成果を適切に生かすことのできる社会の実現が図られなければならない。」（傍点著者）

が盛り込まれる。さらに、続く「社会教育法」にも

> 「第五条（市町村教育委員会の事務）社会教育における学習の機会を利用して行った学習の成果を活用して学校、社会教育施設その他地域において行う教育活動その他の活動の機会を提供する事業の実施及びその奨励に関すること。」
> （2008年6月改正）（傍点著者）

が新たに条文化されるなど、学習成果の活用への傾斜は今日ますます進展している。

（c）認証による学習成果の活用と課題

　活用への傾斜が著しい昨今、事業評価の推進と相俟って、活用が、一層顕在的な成果として把握され広く流通されることが志向されるようになっている。

　先述した生涯学習パスポートやそれに類するものは、これまで、成果として改めて記載されることのなかった学習歴を、「記録」とその「認証」を通じて、当事者のみならず、周囲の人の目に触れる形で残すことを可能とした。先に掲げた表12-2から看取されるとおり、学習者自身が望む評価・活用の意義には、自らの学習の励みとなることや次なる学習目標・学習計画に結びつくこと、地

第12章　資格化社会の生涯学習　**181**

域貢献する際の自信の拠り所などが想定されうる。記録と認証は、まさにこれらの意義に合致する評価・活用法であろう。

しかしその一方で、社会的流通可能性や成果指標の統一性、成果の測定可能性という点で、課題が残る。とりわけ、「認証」者が個別的になればなるほど流通可能性は小さく、必然的に活用の範囲も狭くなる。また個別化された認証者が散立することにより、成果を示す共通の指標や共通尺度での測定が困難になるという点も懸念される。

第4節　資格化する生涯学習

(a) 生涯学習型評価における「資格」の位置

そこで、ふたたび脚光を浴びるのが、「資格」であろう。資格は、「一定の能力を修得したことを認定する称号」であり、一般に、学業資格と職業資格に大別される。ここでは、学歴偏重への是正方策として浮上してきた「資格」に注目していくため、職業資格を主に取り上げ、そこに、新設の生涯学習型の資格も含んで論ずる。

この種の資格は、認定主体の観点からいうと、国家資格（国家が法律によって与える資格）と民間資格（法律によって与える資格ではなく、民間の団体が任意に与える資格）、英検などの公的資格（国家資格と民間資格の中間型。資格付与の一定の基準を所管庁が認可し、それに関わる業務を外部の財団法人などの団体に実施させているもの）の三つに分類され、機能の観点からいうと、業務独占資格（資格がないと当該業務に従事できない）と能力認定型資格（一定の技能・知識を有していることを認定する資格）に二分されるという。

先に述べた「記録」と「認証」による評価の有する課題を解決し生涯学習型資格として広く流通するには、国家レベルの認証主体により能力認定が適正になされることが必要であろう。

(b) 生涯学習型評価における資格の意義

職業資格に対するニーズは、1980年代後半以降に、景気の変動とは無関係に高まってきたという。1980年代後半は、終身雇用制度・一社一生志向から能力主義・横断的上昇志向へと、企業社会や企業人の方向の転換が進展した時期である。こうした企業社会の動向の中で、一企業の中で通用する能力証明か

ら広く社会で通用する能力証明としての資格が脚光を浴びるに至ったと推察される。

　すなわち、各人が自らの能力を保有しそれを社会的な資格によって証明していくことで、特定企業における固定的なタテ型移動にとどまらず、複数企業間、さらには家庭から職場への再チャレンジなどさまざまなステージにある人びとの流動的なヨコ型移動を推進させる原動力となることが期待されたのである。生涯学習社会において「資格」は、ヨコ型移動を希望する人にとって有意味な方法論といえよう。実際、中途採用の初任格付けや昇進・昇格に際しての主要な基準の一つに資格を位置づけていることはその証左であろう。[2]

　資格が、ヨコ型の移動を推進し社会的承認の付されることは、学習成果が一定の質的保障をされた状態で循環していくことを意味し、結果的に、資格そのものの価値が高まっていくと推察される。こうして、相対的に職業資格の位置が高まることによって、学歴偏重の是正へとつながることもたしかであろう。

(c)　生涯学習資格制度の拡大

　2008年2月に出された中教審答申「新しい時代を切り拓く生涯学習の振興方策について―知の循環型社会の構築を目指して―」では民間事業者などと連携して、その学習内容や学習成果などの質の保証や評価を行う方策などについて検討することによって、生涯学習の成果の社会的通用性を向上させる必要性に言及されている。この方向性で、より資格制度を拡大する方法論の一つとして検討されているのが、「登録生涯学習制度」である。同制度は、試験のみないしは講座と試験の組み合わせによる学習機会提供者を、基準に照らして登録させることで学習成果の質を担保しようとする制度である。

　これは成果（アウトカム）や波及性（インパクト）を認証評価するのではなく、学習機会そのものを査定・登録し、その段階で質の保障をしようという試みである。

　類似する試みは、アメリカの継続教育単位（Continuing Education Unit）において確認できる。アメリカ教育協議会（American Council on Education）は、生涯学習機会（継続教育）提供者を審査・登録し、その一覧を年次ごとにガイドブックにまとめて公刊している。同ガイドブックに掲載された学習機会は、一定の質が担保された学習機会として認知され、そこで得た成果は広く継続教育

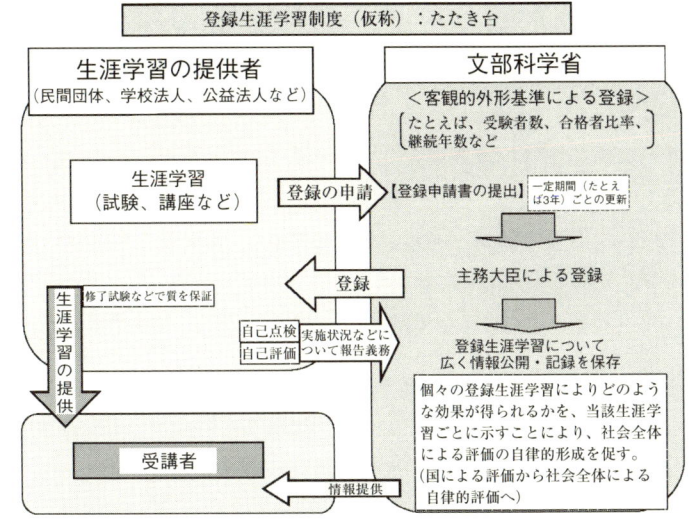

図 12-2 登録生涯学習制度(仮称)(中央教育審議会生涯学習分科会「第2回学習成果の評価のあり方に関する作業部会」2006(平成18)年10月31日配付資料より)

単位として社会的承認を得られるという仕組みである。イギリスにも全英レベルでの類似のシステムが存在する。

　登録生涯学習制度は、学習者にとってみれば、星の数ほどある生涯学習機会から、一定の質の保障された機会を選ぶ基準として有用であり、かつ、成果の社会的承認という観点でも意味あるものであろう。こうした制度が広がれば、社会の中に自律的な成果の互換システムも構築されていく可能性も期待できる。

第5節　学習成果の評価と学習の自由

(a) 選別される学び

　ここまで述べてきたように、生涯学習成果の評価にかかわる昨今の動向においては、一方では成果の社会的活用と社会的承認が推奨され、他方では社会的活用が自律的に進んでいく土壌づくりとしてのシステム構築が目指されていることがみてとれる。こうした動向は、学歴至上主義への挑戦であり、ノールズ(Knowles, M.S.)によって「神聖にして侵すべからざるもの(sacred cow)[3]」と評された評価の領域に果敢に挑んだ方策として、評価に値しよう。

しかしながら一方で、資格化の進む生涯学習評価システムについて、学習権を脅かすものだと懸念する論者も少なくない。赤尾勝己は、1999年答申以降の動向に対して次のような批判を展開する。

> 「(前略) この答申（1999答申を指す）に現れているのは、人々のあらゆる学びを評価の対象にしていこうというおぞましい限りの『生涯学習管理社会』である。(中略) この評価システムは、人々のある学びの内容を積極的に評価して、ある学びの内容を消極的に評価するという『学びの選別』を行おうとしている。また、学びのプライバシーを侵害しようとしている。」(傍点著者)

21世紀の幕開けとともに、生涯学習の分野で、学習成果の評価とは別の文脈での評価に注目が集まっている。生涯学習を含む行政の全般的分野に及ぶ事業評価への要請である。別の文脈で、と述べたが、じつは、成果の社会的活用は、事業評価と近い関係にある。学習の成果を、個人レベルにとどめず、どの程度社会に還元していくことができたのか。成果の社会的活用とは、この点を、社会に向けて説明しアピールする手段となりうるという意味で、事業評価と同方向性にある。

実際に、ある自治体の公民館では、学習目的がまちづくりという社会的活用に結びつくケースと結びつかないケースに対して、使用料の面で異なる処遇がとられている。処遇の違いを決めるのは、学習者当事者ではなく、施設管理運営者側である。すなわち、管理運営者が学びの選別の一端を負う図式がそこに認められる。

（b）**成果を把握する視点の問い直し**

公民館というのは、本来施設ベースではなく地域ベースの生涯学習支援機関である。したがって、当該施設だけで、学びの成果は結実せず、むしろ、公民館を利用する個々の地域住民の生活拠点において結実していくことを特長とすべきであろう。

個々の地域住民の生活拠点に、公民館での学びの成果が戻っていくことで、地域に広く生涯学習が循環し、結果的にまちづくりにつながっていくことは望ましい可能性としては十分にありうる。しかしこのことは、社会的活用（ここではまちづくり）ありきの学びがそれ以外の学びよりも優位であることとイ

コールではない。

　こうした循環を、結果である「まちづくり」から捉えて、結果に結びつく学びのみに社会的承認を付すことで特定の学びに優位性を与えてしまう危険性をもつのが、成果の社会的活用への偏重であろう。それは、すべての人の学習権の保障という生涯学習の基本理念をも担保できない危険性をはらむ。

　結果ではなく、プロセスを重視する学習成果の評価法を探究することが、加速化する資格化社会や活用偏重社会への動向を再考する契機になるのではなかろうか。

（c）プロセス重視の学習成果の評価法

　OECD教育研究革新センターでは、2000年代以降「規範やネットワークがどのように人々のアスピレーションや学習とその結果を活用する能力に影響を与えているかという点について理解しなければ、教育政策はきわめて重要な要素を欠くことになる」という認識のもとで、個人と社会の両方に充足感をもたらす学習機会や両者の関係について検証するためのプロジェクトに着手されている。

　同プロジェクトでカギとなるのが、人的資本（個人的、社会的および経済的な福利を創造する、個々人に具現化した知識、技能、コンピテンシーおよび属性）と社会関係資本（集団内または集団間の協力を促進する規範、価値観および理解の共有を備えたネットワーク）の違いを前提とした相互作用と潜在的な相補性である。両者の違いは、**表12-3**のように捉えられる。

　この表から看取されるように、人的資本は、個人の行為者に焦点がおかれ主として獲得された資格のレベルによってその成果が評価されるのに対して、社会関係資本では個と個の関係、集団と集団の関係に焦点化され、評価尺度として態度・価値観の獲得・変容が重視される。

表12-3　人的資本と社会関係資本の相違点

	人的資本	社会関係資本
焦　点	個々の行為者	関係
評価尺度	学校教育の期間 資格 能力	態度／価値観 メンバーであること／参加 信頼レベル
モデル	線形モデル	対話型／環状モデル

第一に、結果でありかつ個人の所有物たる資格のみならず、プロセスにおける人的ネットワークとそのネットワークで共有・交流される態度や価値観に社会的成果の源泉を求めようとしている点、第二に結果（資格など）とプロセス（人的ネットワークなど）が相補的位置関係にあると捉えている点で示唆に富んでいる。

　こうした観点をもって先の公民館活動を捉え直すと、結果であるまちづくりは、プロセスとしての人的ネットワークの賜物であり、いずれも、社会的成果に必須の要素として欠かせないということ、かつ人的ネットワークについては資格といった顕在的成果としての把握ではなく態度変容といった個別的内面的成果の把握が必要とされることなどが導出される。

　加えていうならば、一見まちづくりという結果に直結していないと受け取られがちな個別のグループ・サークルについても、じつは、そこで人的ネットワークが形成されるならば、結果であるまちづくりと相補的関係をもちうることが推察される。結果ありきのスタンスに拠りプロセスを排除していく論理はこうした OECD の考え方とは相対するものだといえよう。

　学びのプロセスにおける意識・価値観の変容が、学びの結果と相補的関係にあり、両者の有機的な結合が社会的成果に結びつくと捉えることができるならば、意識変容を把握する評価法と意識変容と意識変容の結果を、有機的結びつきをもって捉えうる評価法が必要であろう。

　OECD 教育研究センターでは、いわゆる PISA（生徒の学習到達度調査：Programme for International Student Assessment）に近い成人向け調査として PIAAC（成人コンピテンシーの国際評価プログラム：Programme for the International Assessment of Adult Competencies）の開発が目指されている。そこには、個人としての成功と社会としての成功双方の基礎となるコンピテンシーや社会的成果に対する個人レベルの影響を評価するコンピテンシーなどの探究がなされることになっている。これにより、これまでみえてこなかった個人レベルの成果と社会的成果の関係がみえてくるかもしれない。

　しかしながら、この種の評価法もまたあくまでも社会的に測定され社会的に説明されることを主眼とするものである。評価の本質が、社会的承認にのみ傾斜していくと、生涯学習型評価もまた学歴偏重社会の轍を踏む危険性は大いに

ある。自己承認のない社会的承認ありきの評価は、学びの意味を、自律的に捉えることのできない学習者の生成につながっていくのではなかろうか。自己評価の意義がもっと問い直されてもよいと考える。その意味で、自己志向のポートフォリオや自己分析・自己のふり返りを促す評価法研究にもっと力が注がれる必要性を痛感する。

【注】────────────────────────────
（１）財団法人広島県教育事業団『行政機関、大学、民間教育事業者等の広域的な連携方策に関する研究開発報告』、1998。
（２）今野浩一郎・下田健人『資格の経済学―ホワイトカラーの再生シナリオ―』中公新書、1995。
（３）ノールズ，M.（堀薫夫・三輪建二監訳）『成人教育の現代的実践―ペダゴジーからアンドラゴジーへ―』鳳書房、2002。
（４）三輪建二「成人教育・社会教育の実践分析と評価」『月刊社会教育2月号』、2006。
（５）鈴木眞理・津田英二『生涯学習の支援論』学文社、2003。

【引用・参考文献】────────────────────────
（a）市原光匡「社会教育・生涯学習研究における評価論の展開と課題―学習成果の評価に注目して―」『東京大学大学院教育学研究科紀要第44巻』、2004。
（b）OECD教育研究革新センター編著『学習の社会的成果－健康、市民、社会的関与と社会関係資本』明石書店、2008。
（c）岡本包治『学習ニーズに応える資格』ぎょうせい、1993。
（d）辻功「生涯学習における『資格』の意味」『日本生涯教育学会年報第15号生涯学習と資格』、1994。
（e）山本恒夫「生涯学習領域の評価・認証について」『学位研究第18号（研究ノート　資料「大学評価・学位授与機構　研究紀要」）』、2006。
（f）山川肖美「生涯学習成果の評価と認証」、佐々木正治編著『生涯学習社会の構築』福村出版、2007。

第13章　ニューメディアと生涯学習

第1節　教育の民主化に貢献するニューメディア

(a) メディアの発達と遠隔教育の発展

　日本では「IT革命」という言葉の流行で知れ渡った情報革命（information revolution）は、農業革命、産業革命につづく第3の波として、ごく短期間に私たちの日常生活に変化をもたらした。この革命の担い手となったのが「メディア」である。この用語は、もともと情報の記録、伝達、保管などに用いられる物や装置、ネットワークを指すものであり、「情報媒体」と邦訳されたりもする。この遠く離れた人と人とを結びつける便利なメディアを利用し、学習したくとも時間的、空間的な要因からその機会に恵まれてこなかった人びとにそれを届けようとする試みを、遠隔教育という。

　遠隔教育は、だれもが手軽に利用できる初めてのメディアとして、19世紀末に整備された郵便網とともに登場した。テキストや課題などの印刷教材を学習者に郵便で送り、学習者が学習成果を返送するというやりとりの中で学ぶ形態から出発している。

　その様態を大きく変化させたのが、20世紀半ばから普及し始めるラジオ、テレビなどの音声・映像による放送メディアである。この第2世代の遠隔教育は、印刷媒体よりも効果的な情報を伝達できるようになった点だけではなく、それまで一人でしか学ぶことのできなかった遠隔教育を、一斉に大勢の人びとがともに学べる学習へと可能性を開いた点で評価されるものであった。

　しかし、印刷媒体にしても、放送媒体にしても、情報を提供する側から情報を受信する側への一方向のコミュニケーションしか成り立たせることができない点で限界をもつ。ソクラテスの時代から、教育という営みには対話が重視さ

れてきたように、双方向コミュニケーションは無視することのできない重要な教育資源である。

　その意味で、遠隔教育の第3世代誕生の鍵は、双方向のコミュニケーションを可能にするメディア技術開発が握っていた。それに先鞭をつけたのが、1980年代に一般的な利用が容易になり始めた衛星通信であった。テレビ会議システムなどともよばれ、衛星回線で結べば、同時に複数の会場で双方向のコミュニケーションによる教育活動ができるようになった。

　さらに、その後10年も経たない間に、インターネットと高性能パソコンが急速に普及したことにより、eラーニング（electronic learning）という第4世代の遠隔教育が登場することになる。この第4世代は、個人の都合に合わせた双方向コミュニケーションが可能であるという意味で画期的なものだった。この種の一つWBT（Web Based Training）とよばれる学習では、インターネットにつながる環境にありさえすれば、24時間どこからでも学習者は必要に合わせ大容量のデジタル教材をダウンロードして課題に取り組んだり、質問を学習提供者に送って回答を求めたりできる。また、双方向コミュニケーションツール（一般にオンラインチャットとよばれる）を使って、学習提供者や学習仲間らと討論やグループ交流ができるよう配慮した学習プログラムもある。

　これまでみてきたように、遠隔教育は、より便利で多様なニーズに対応しようとするメディア技術の発達と呼応して発展を遂げてきた。よって、遠隔教育では、学習提供者や教育機関にとってよりも、むしろ学習者にとって都合のよい時間や場所などの条件下で学習を提供することが重視される。そのため、主な学習活動は、各家庭などの個人的な空間で、都合のよい時間帯に、一人で学ぶ形式がほとんどとなる。こうした特質は、まさに「いつでも、どこで、だれにでも」という生涯学習の理念にもかなうものであり、ニューメディアを用いた学習は強く期待されている。

（b）eラーニング

　現在ニューメディアとよばれているものが、翌年もそうよばれつづけているかどうかは保証できないほど、メディア技術の発達はすさまじい。とはいえ、ひとまずここでは、第4世代の遠隔教育であるeラーニングを、最も新しいメディアを利用した学習として注目してみることにしよう。

一口にeラーニングとよばれるものであっても、その様態はじつに多様である。eラーニングの二つの特徴を軸にし、eラーニングの範囲と分類とをわかりやすく示したものが図 13-1 である。

横軸は、遠隔教育が第 3 世代へと進化する際のカギとなった学習提供者と学習者との間の双方向コミュニケーションの度合いであり、この図では「インタラクティブ性」と表現されている。テレビ・ラジオ放送のように、学習内容が一方向的に提供されるものは、インタラクティブ性がきわめて低いことになる。反対に、先述したオンライン教育である WBT や、従来の対面型の教育などは、双方向コミュニケーションが容易であり、インタラクティブ性は高い。

一方、縦軸は、eラーニングという名称の「e」にも表されている「電子化」の度合いであり、図では「デジタル化のレベル」と示されている。書籍や印刷物といったアナログ教材を用いた学習はデジタル化のレベルが低く、CD-ROM や DVD で学ぶ学習やオンラインコンテンツを利用する WBT などはデジタル化のレベルが高いことになる。

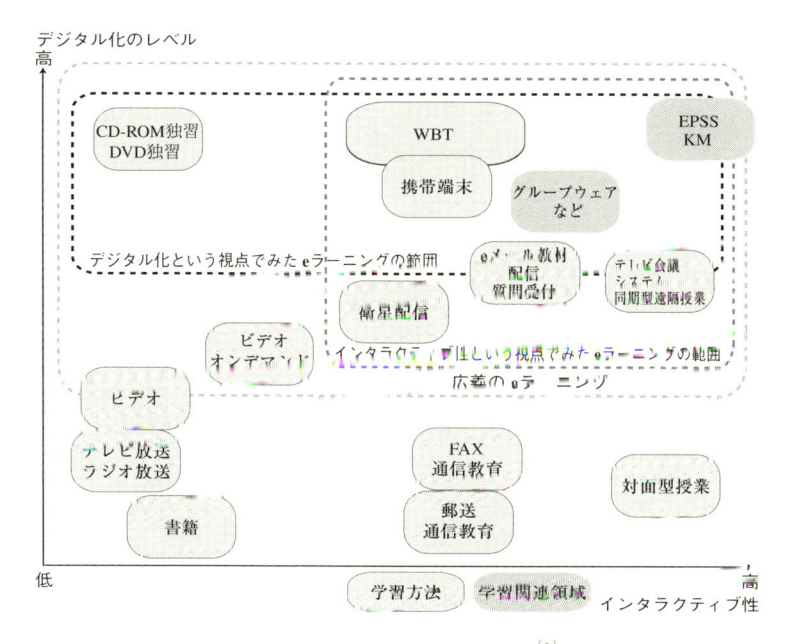

図 13-1　e ラーニングの範囲・分類[a]

インタラクティブ性という視点からeラーニングをみれば、双方向コミュニケーションが可能な衛星通信を利用した学習もeラーニングの範疇に入る。また、デジタル化という視点からみればネットワークにつながっていないコンピュータでCD-ROM教材を利用する学習もeラーニングということになる。これら学習機会も含んだ広義のeラーニングの定義を用いる場合もあるが、近年では、ホートン（Horton, W.）が定義したような高いインタラクティブ性と高レベルのデジタル化の双方の条件を満たした学習機会のみをeラーニングとよぶことが多い。[2]

現在、わが国でもeラーニングを活用したさまざまな学習機会が提供されている。なかでも、2004年開学の八洲学園大学（横浜市）や2007年開学のサイバー大学（福岡市）などは、有名なものの一つだ。

また、高等教育だけではなく、民間の電子通信会社が提供する「ウェブトレーニング」などのように、生涯学習用のコンテンツも存在する。特に、これまで衛星通信を利用した、わが国の情報通信ネットワークであった文部科学省の「エル・ネット」（教育情報衛星通信ネットワーク）が、2008年に4月に停止され、インターネットを活用したシステム（教育情報通信ネットワーク）へと移行された。これにより、今後ますます生涯学習のためのeラーニングを利用した学習機会は、増加していくことであろう。

（e）ブレンディッド・ラーニング

新しいメディアが登場するたびに、新たな学習形態が生まれるため、メディアが今後のわが国の教育や生涯学習にどのように変化をもたらすのかについては、だれにも予想がつかない。しかし、すべての学習機会が、最新のメディアを用いた学習へと完全に塗り変えられるようなことだけはありえない。つまり現時点でいえば、eラーニングが、第1世代や第2世代の遠隔教育、あるいは伝統的な対面型の教育活動にとって変わる日など決して来ない。

それは、メディアによってコミュニケーションの効率性や利便性は高められても、コミュニケーションによる教育効果は必ずしも高められるとは限らないからである。その意味で、以下にあげる伊藤康志の指摘は、これからのメディアによる学習を考えるうえで重要な示唆を与えてくれる。

第13章　ニューメディアと生涯学習　　*193*

集合研修

さまざまな形でのブレンディングが可能に！

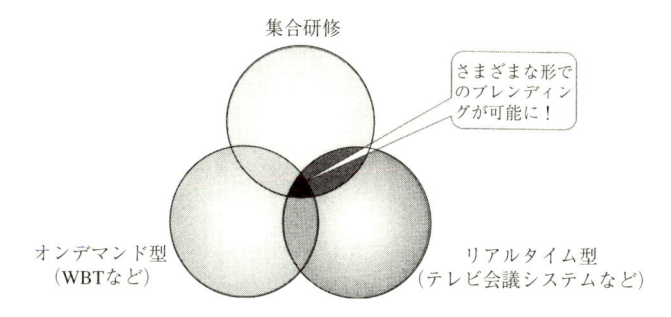

オンデマンド型
（WBTなど）

リアルタイム型
（テレビ会議システムなど）

図 13-2　ブレンディッドラーニングのコンセプト[a]

「結局、われわれはみずからの『身体』を動かし、みずからの目的からアナログ的な学習もデジタルな学習も取捨選択しながら対応している。あまり意味のない代替論に拘泥するのは不毛だ。求められているのは、これまでのアナログ的な学習も視野に入れた学習者の多様な学習活動全体をどう支援するのかという発想と取り組みだろう。」[3]

直接会って話すというコミュニケーションが、必ずしも相手のすべてを理解できたり、自分のことを理解してもらえる方法ではないように、どんなメディアを利用しようとも不足は生じる。こうした効果や効率を考えつつ、さまざまな学習を最適に組み合わせ、学習者にとって適切なものを提供しようとする概念を「ブレンディッド・ラーニング」とよぶ。

必要性に合わせてさまざまな学習機会をコーディネートすることこそ、メディアを利用した学習を豊かにする方策なのである。それゆえ遠隔教育の場合、学習者自身がみずからの学習を方向づけする自己主導性（self-direction）や、あるいは学習者に助言などを提供する学習支援の役割は、なおさら重要になっていく。

第2節　インタラクティブな学習支援サービス

（a）特別な配慮の必要性

遠隔教育の定義となると多岐にわたる議論がなされているが、一般的によく用いられているのは、ムーアとカースリー（Moore, M.G., & Kearsley, G.）による以下のものだろう。

「遠隔教育は、教える場所から離れたところで起こる計画的な学習であり、その結果、特別なコースデザインの技術、特別な教授法、電子技術や他の技術による特別なコミュニケーション方法、そして、組織・運営面での特別な準備を必要とするものである。」[4]

つまり、遠隔教育では、学習提供者と学習者との間に物理的な距離が離れていることによって必要となる「特別な配慮」が、教育組織のもとで計画的に準備されていなければならない。彼らが、「遠隔教育」を「遠隔学習」（distance-learnig）とよぶべきではないと考えたのも、学習提供者側の周到な教育計画のもとで実施されるべきだと考えたことによる。

こうした遠隔教育特有の教育的配慮の中には、対面型の教育であればあまり注意を払われないものも多い。たとえば、直接同じ空間を共有していれば柔軟に対応できるはずの、学習者からの質問なども遠隔教育では難しい。また、あらかじめ教材を作成しているため、学習者の理解度に合わせた補足説明や教材の追加などにも対応しにくい。そのため、たとえ遠隔教育での学びが自学自習という形式が多いといっても、それは独学とはまったく異なるものであり、教育機関による「学習者を支援するサービス」が必要不可欠となる。[5]

（b）三つのインタラクション

そうした支援を考える際のキーワードとなるのが、「インタラクション」である。"interaction"という単語はもともと、邦語でいう相互作用や交流を表す。それが学習論の中では、教える者と学ぶ者、あるいは学ぶ者同士の間で起きる相互作用やそのやりとりを指す用語として用いられており、教育効果に影響を与える要因として注目されている。

基本的に一人で学ぶことの多い遠隔教育では、特別な教育的配慮を行わねば、このインタラクションは生じにくい。ゆえにインタラクションを活性化する方策は、遠隔教育において必要な学習支援のあり方を考える際に、重要な視点を与えてくれるのだ。そこでここでは、遠隔教育の場面において注目される三つのインタラクションを取り上げてみることにしよう。

（c）**学習者と学習内容のインタラクション**

遠隔教育であるなしに関わらず、「すべての学習者は、個々人で学習した情

報をすでに持っている認識の構造内に取り込むという過程を経ることで、知識を蓄積」している。別の言い方をすれば、学習によって新しい知識や情報が与えられると、私たちは手持ちの知識や情報とそれらとを引き比べ、その知識や情報に価値や意味があると判断された場合は知識として蓄積し、そうでなければ記憶の片隅へと追いやるという作業を繰り返しているのである。このように、知識が蓄積される過程では、必ず学習内容と学習者の間にインタラクションが起こっているのである。

　この学習内容としてもっともイメージしやすいのは教科書であろう。教科書は普通の書籍と違い、ある一定の知識が習得しやすいような章構成がなされ、それにそって学習すべき内容や事例の解説がコンパクトにまとまっていたり、重要なキーワードやテーマなどが太字でわかりやすく表示されていたりする。これが、学習者と学習内容とのインタラクションを促進するための工夫となる。それは、ラジオやテレビ放送、**CD-ROM**やコンピュータソフトウェアといったメディアを利用したものであっても変わらない。これらも各メディアの特性に合わせ、教材として用いやすくなるような配慮が用意されていなければならない。

（d）学習者と学習提供者とのインタラクション

　二つめのインタラクションは、学習者と学習提供者とのインタラクションである。円滑な学習活動を展開していくためには、学習提供者は、提示された学習内容からより多くのものを学習者が学び取れるよう、指導や補足解説を行ったり、質疑応答などに応える必要がある。また、学習者が学習につまずいたり、不安を感じていたりする際には、助言や激励を行って彼らを勇気づける役割を果たさねばならない。

　こうしたインタラクションがあるからこそ、学習者は学習意欲が喚起されたり、学習動機が強められたりして、継続的な学習を行うことが可能となる。そのため、遠隔教育では、スクーリングなど対面型での教育機会を設けたり、メールなどをのコミュニケーションツールを利用するなどして、このインタラクションの不足を補う配慮がなされている。

（e）学習者同士のインタラクション

　第三のインタラクションは、学習者同士のインタラクションである。周知の

ように、「グループダイナミックス」(集団力学) の教育的意義は大きく、教育活動において見逃すことのできない要因である。

学習者同士のインタラクションの有効性は、仲間としての連帯感をもち励まし合ったり、共感し合ったりすることにより、学習意欲が高まるといった学習者の情緒的な側面だけに限られたものではない。学習者にとって身近な学習仲間の個人的な経験や意見などは、みずからの経験や意見の価値を相対化したり、客観視したりする際の重要な学習資源となる。そのため、学習成果を応用したり評価したりする段階において、学習者同士のインタラクションの果たす役割は大きい。

しかしながら、遠隔教育においては、こうした学習者同士のインタラクションに関する研究蓄積は薄く、今後の研究の進展が期待されている。

第3節　遠隔教育を支えるシステムと専門家

(a) 遠隔教育のシステムモデル

対面型で教育を行う場合、極端な言い方をすれば、教師と学習者とが言葉を交わし合えば教育活動は成立する。しかし、遠隔教育の場合、そうはいかない。たとえば、伝達すべき知識・技術、情報を適切なメディアに変換して教材を作成するにしても、図13-3の映像教材製作の手順をみてもらえば一目瞭然のように、じつに膨大な時間と手間がかかる。

また、そうして作成した教材を学習者が利用できるよう発信する作業にしても、eラーニングなどを想起してもらえばわかるように、特殊な技術が必要になる。つまり、遠隔教育を提供するにはそのためのシステムが必要になるのである。そのプロセスをわかりやすく5段階のモデルで示したものが、図13-4である。

ここで示されている五つのプロセスを、すべて教師が担うことは不可能である。本章で教育活動を提供する者を一口に「教師」とよばず、「学習提供者」と呼んできたのも、そうした理由による。ここでは、遠隔教育システムを担う教師以外の主な学習提供者について解説していくことにしよう。

(b) インストラクショナル・デザイナー

インストラクショナル・デザイナー (instructional designer) は、教育に関わ

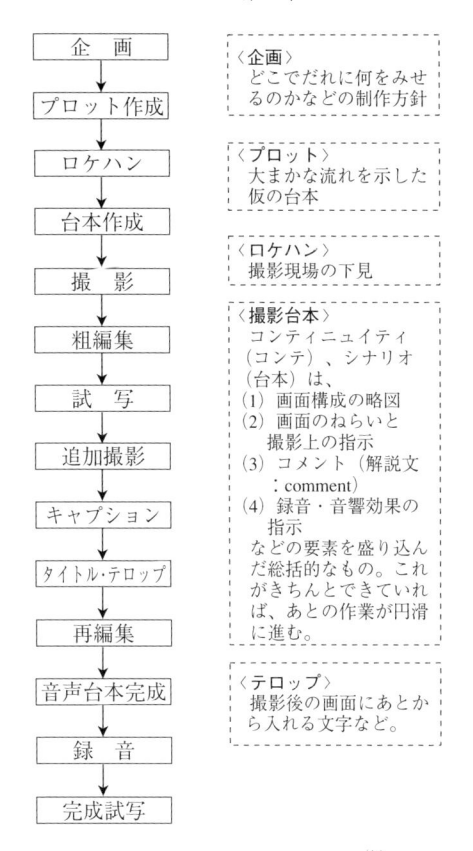

第13章　ニューメディアと生涯学習　　*197*

```
┌─────────┐
│ 企　　画 │     〈企画〉
└────┬────┘     どこでだれに何をみせ
     │          るのかなどの制作方針
┌────▼────┐
│ プロット作成 │
└────┬────┘     〈プロット〉
     │          大まかな流れを示した
┌────▼────┐   仮の台本
│ ロケハン │
└────┬────┘
     │          〈ロケハン〉
┌────▼────┐   撮影現場の下見
│ 台本作成 │
└────┬────┘     〈撮影台本〉
     │          コンティニュイティ
┌────▼────┐   （コンテ）、シナリオ
│ 撮　　影 │   （台本）は、
└────┬────┘   （1）画面構成の略図
     │          （2）画面のねらいと
┌────▼────┐       撮影上の指示
│ 粗編集   │   （3）コメント（解説文
└────┬────┘       ：comment）
     │          （4）録音・音響効果の
┌────▼────┐       指示
│ 試　　写 │   などの要素を盛り込ん
└────┬────┘   だ総括的なもの。これ
     │          がきちんとできていれ
┌────▼────┐   ば、あとの作業が円滑
│ 追加撮影 │   に進む。
└────┬────┘
     │
┌────▼────┐
│ キャプション│
└────┬────┘
     │          〈テロップ〉
┌────▼────┐   撮影後の画面にあとか
│ タイトル・テロップ │ ら入れる文字など。
└────┬────┘
     │
┌────▼────┐
│ 再編集   │
└────┬────┘
     │
┌────▼────┐
│ 音声台本完成 │
└────┬────┘
     │
┌────▼────┐
│ 録　　音 │
└────┬────┘
     │
┌────▼────┐
│ 完成試写 │
└─────────┘
```

図13-3　映像教材製作の手順例(b)

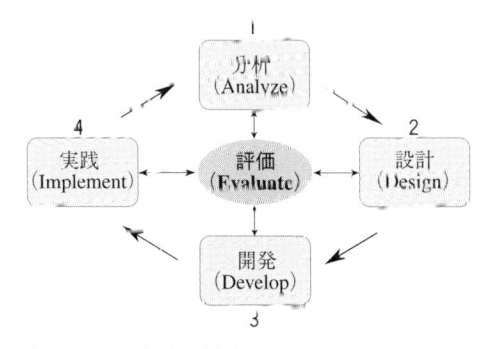

```
            1
        ┌──────┐
     ┌──│ 分析 │──┐
     │  │(Analyze)│ │
     │  └──────┘ ▼
   4 │              2
┌──────┐ ┌──────┐ ┌──────┐
│ 実践 │◄┤ 評価 ├►│ 設計 │
│(Implement)│(Evaluate)│(Design)│
└──────┘ └──────┘ └──────┘
     ▲       ▲       │
     │  ┌──────┐ │
     └──│ 開発 │◄──┘
        │(Develop)│
        └──────┘
            3
```

図13-4　遠隔教育の提供システム ADDIE サイクル

る教師や教室、教材や教育方法といったすべての要素を適切に組み合わせ、質の高い教育を提供しようとする教授デザインを行う専門職をいい、eラーニングなどを中心に、近年、配備されるようになっている。彼らが行う学習の設計のことを、インストラクショナル・デザイン（instructional design）といい、そこでは、先で示した三つのインタラクションを活性化するようないくつもの配慮が盛り込まれることになる。

インストラクショナル・デザインでは、既存の教育活動を分析して課題を抽出し、それを解消するためのプログラムや教授方法、教材、活動内容（取り扱うテーマや課題）、評価方法などあらゆる要素を見直し、適切なプログラムや、独自の教材を開発する。そして実施後に、その教育効果を評価してさらに次回の授業改善・開発につなげる。どのような教育活動であってもこの循環型の授業モデルは重要であろうが、遠隔教育では特に重視されている。図13-5で示したディックとケアリーとケアリー（Dick, W., Carey, L., & Carey, J.）によるシステムズ・アプローチ・モデルなどは、こうしたインストラクショナル・デザインの精緻なモデルとしてあげられるものだ。

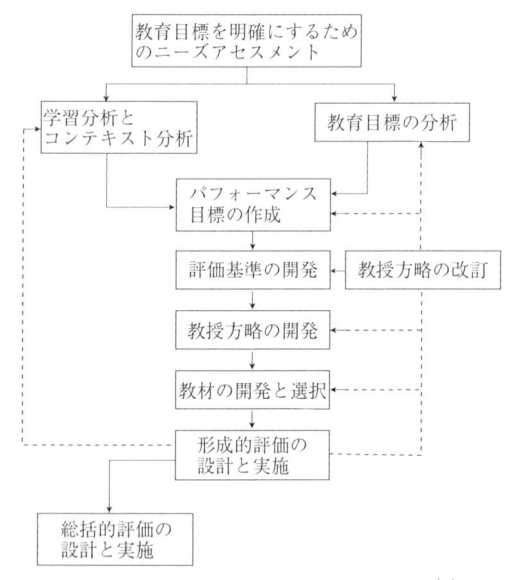

図13-5 システムズ・アプローチ・モデル

また、eラーニングのようなウェブ上で行われる学習の場合、インストラクショナル・デザイナーとは別に、ウェブデザインを担当する専門家であるウェブデザイナーが重要な役割を果たしているので付記しておきたい。

eラーニングでは、操作する画面の全体が統一性のあるメニューやアイコンでそろえられていることや、テキストばかりではなくグラフィックを利用したりするなど、学習者と学習内容とのインタラクティブを高める視覚的デザインの工夫が必要不可欠である。

また、学習者同士のインタラクションを促進するために、オンラインチャットや、BBS、ウェブカメラを利用したウェブ・カンファレンスとよばれる会議システムなど、いくつかある選択肢の中からそのインタラクションの目的に会わせたシステムを選び出し、適切な画面に配置することも大切である。ウェブデザイナーは現在 e ラーニング固有の専門家ではないが、e ラーニングの成否を握るほど重要視される専門家である。

(c) **学習相談員**

遠隔教育では、ドロップアウト率の高さが常に問題とされてきた。孤独な学習としばしば揶揄されてきたように[7]、自宅で一人で行うことが多い遠隔教育では、学習に対して不安になったり、孤独を感じたりしやすい。こうした学習者の精神面も含めた学習相談に応じる専門家として、学習相談員がいる。学習相談員による個別指導が用意されたコースでは、学習者の修了率や学習達成度が大きく伸びることが多くの先行研究で指摘されている[8]。

この学習相談員には、チューター（tutor）やメンター（mentor）、コーディネーター（coordinator）、アカデミック アドバイザー（academic adviser）など、さまざまな呼称がつけられており、それによって担っている役割についても若干の差異があるようだが、それらはみな、電話やメール、面談などの方法を使って学習者と一対一のコミュニケーションを取りながら、彼らの学習に関する相談を行っているという点で共通している。

図13-6 は、学習相談員の一つのチューターの役割を列挙したものである[9]。その相談内容や役割は、じつに多岐に及んでいることがわかるだろう。事務的な手続きの援助から、中には学習者の提出した課題を採点したり、評価に関わる役割をも任されている場合があるようだ。もともと個別指導とは、個別の

```
・コースの内容を議論する
・学習の進捗をフィードバックする
・提出課題や試験を採点する
・学生が学習計画を立てるのを助ける
・学生にやる気をもたせる
・事務的な質問に対して回答する
・プロジェクトを監督する
・対面式のセミナーを教える
・学生の記録を管理する
・学生の代理として事務部門と折衝する
・コースの効果について評価をする
```

図 13-6 遠隔教育におけるチューターの役割[d]

ニーズに応えようとするものであるから、学習相談員の役割も千差万別である。彼らの役割は、学習上のインタラクションを活発にするために、学習者と人的・物的な教育資源とを容易につなげるための潤滑剤だといえよう。

第4節　ニューメディアを利用した生涯学習の課題

(a) 学習のパーソナル化に対する危惧

　遠隔教育は学習者の時空間的な学習障害を取り除き、効果的な学習を提供する方途として発達してきた。それはいわば、常に学習者を中心に考えた教育サービスを提供しようとしてきた歴史であり、こうした傾向は今後も変わることはなく、むしろ強まりつづけることは想像に難くない。

　しかし、そこにはいくつかの懸念もある。学習者中心の考え方がゆきすぎれば「消費者中心」的な学習、すなわち学習者の要求に迎合し、彼らの求める内容を、好き勝手に学ばせるようなものへと歪む可能性がある[10]。それは、提供する教育の質を落とす結果となることはむろんのこと、その結果、キーガン（Keegan, D.）が指摘するように、「遠隔教育が第一の選択ではなく代案としての選択という、正規教育より質的に低く、社会的認知度が低い教育形態」とのレッテルが貼り付けられることにもつながる[11]。だからこそ、インストラクショナル・デザインにみられるような学習論や技術の開発、あるいは専門的力量を持った学習相談者の育成など、遠隔教育の質を担保するための専門的なシステムの強化を一層進めていかねばならない。

また、ロバート・パットナム（Putnam, R.D.）が『孤独なボウリング——米国コミュニティの崩壊と再生——』(12)において、メディアのパーソナル化はアメリカ社会を「つながりの乏しい社会」へと変化させたと警鐘を鳴らしたように、遠隔教育による学習のパーソナル化についても、同様の懸念をしておかねばならないだろう。公民館の活動が一般に「集う・学ぶ・結ぶ」と表現されるように、生涯学習や社会教育では、物理的障害を乗り越えて「集う」ことが、学習の第一歩になることも多い。ブレンディッド・ラーニングのところでふれたが、生涯学習社会の構築を考える際には、いま一度バランスのとれたメディア利用について考えていく必要があるだろう。

(b) メディアを利用する責任

生涯学習の中でニューメディアは、これまで述べてきた学習活動そのものを提供するだけではなく、ほかの活動にも多く役立てられている。たとえば、ホームページなどを作成し、行政機関の生涯学習の方針をわかりやすく説明したり、生涯学習機会の広報活動や参加受付などを行ったり、あるいは、掲示板などを利用して住民から生涯学習に対するニーズを集める手段としても利用している。

しかしながら一方で、インターネットが普及したことによって、著作権侵害による訴訟、あるいはプライバシーに関わる情報の不適切な流出、無責任な誹謗中傷による被害など、デジタル情報をめぐるトラブルは日常茶飯事となっている。デジタル化された情報は、簡単にやりとりができるというメリットの裏側で、いったんネットワークに上がってしまえば、それを完全には削除、回収できないというデメリットも抱えている。また情報のコピーや変形、加工も容易なため、その取り扱いには慎重を期す必要もあるし、情報保護のための技術も必要となる。

しかし、生涯学習や高等教育に限らず、この国全体において個人情報や著作権の保護をめぐる議論は始まったばかりで、いまだ曖昧な部分も多い。今後、生涯学習に携わる指導者や支援者の養成では、こうした問題に関する専門的知識や技術の習得はもちろんのこと、モラルの育成についても進めていく必要があるだろう。

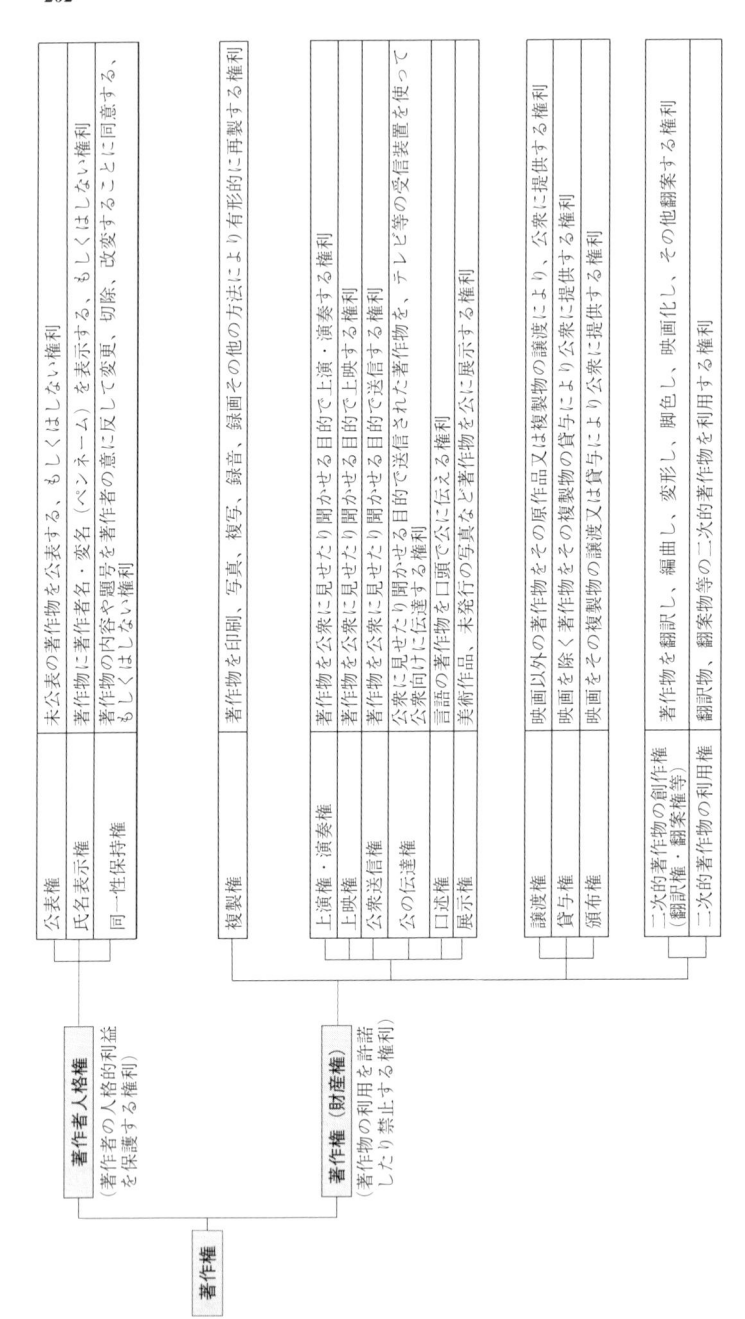

	公表権	未公表の著作物を公表する、もしくはしない権利
著作者人格権	氏名表示権	著作物に著作者名・変名（ペンネーム）を表示する、もしくは表示しない権利
（著作者の人格的利益を保護する権利）	同一性保持権	著作物の内容や題号を著作者の意に反して変更、切除、改変することに同意する、もしくはしない権利
	複製権	著作物を印刷、写真、複写、録音、録画その他の方法により有形的に再製する権利
	上演・演奏権	著作物を公衆に見せたり聞かせたり目的で上演・演奏する権利
	上映権	著作物を公衆に見せたり聞かせたり目的で上映する権利
	公衆送信権	著作物を公衆に見せたり聞かせたり目的で送信する権利
著作権（財産権）	公の伝達権	公衆に見せたり聞かせたり目的で送信された著作物を、テレビ等の受信装置を使って公衆向けに伝達する権利
（著作物の利用を許諾したり禁止する権利）	口述権	言語の著作物を口頭で公的に伝える権利
	展示権	美術の著作物、未発行の写真など著作物を公に展示する権利
	譲渡権	映画以外の著作物をその原作品又は複製物の譲渡により、公衆に提供する権利
	貸与権	映画を除く著作物の複製物の貸与により公衆に提供する権利
	頒布権	映画をその複製物の譲渡又は貸与により公衆に提供する権利
	二次的著作物の創作権（翻訳権・翻案権等）	著作物を翻訳し、編曲し、変形し、脚色し、映画化し、その他翻案する権利
	二次的著作物の利用権	翻訳物、翻案物等の二次的著作物を利用する権利

著作権

図 13-7 著作権に含まれる権利の種類[b]

【注】

（1）ITは、"Information Technology"の略語であるが、海外ではICT＝Information and Communications Technologyが一般的に用いられていることから、近年総務省などを中心に日本でもICTとよぶようになっている。
（2）Horton, W., *Leading e-learning*, Amer Society for Training, 2001, p.1.
（3）井内慶次郎監修・山本恒夫・浅井経子・伊藤康志共編『生涯学習［eソサエティ］ハンドブック―地域で役立つメディア活用の発想とポイント―』文憲堂、2004、p.9。
（4）ムーア, M.G.、カースリー, G.（高橋悟編訳）『遠隔教育―生涯学習社会への挑戦―』海文堂、2004、p.2。
（5）鄭仁星・久保田賢一編著・羅駟柱・寺嶋浩介著『遠隔教育とeラーニング』北大路書房、2006、p.21。
（6）ムーア, M.G.、カースリー, G.、前掲書、p.162。
（7）佐藤卓己・井上義和編『ラーニング・アロン―通信教育のメディア学―』新曜社、2008、p.9-10。
（8）ムーア, M.G.、カースリー, G.、前掲書、p.188。
（9）同上。
（10）小池源吾、志々田まなみ「アメリカ合衆国におけるバーチャル・ユニバーシティの10年―その成果と課題―」『日本社会教育学会紀要 No.42』、2006、p.45-54。
（11）鄭仁星・久保田賢一編著・羅駟柱・寺嶋浩介著、前掲書、p.9。
　　（Keegan, D., *Foundation of Distance Education*, Routledge, 1996.）
（12）パットナム, R.D.（柴内康文翻訳）『孤独なボウリング―米国コミュニティの崩壊と再生―』柏書房、2006。

【引用・参考文献】

（a）経済産業省商務情報政策局情報処理振興課編『eラーニング白書2007, 2008年版』東京電機大学出版局、2007。
（b）櫛田磐・上橋美永・永尾和樹・田中康善・小池俊夫『視聴覚メディアと教育コミュニケーション―視聴覚教育の方法―』学芸図書、2006
（c）鄭仁星・久保田賢一編著・羅駟柱・寺嶋浩介著『遠隔教育とeラーニング』北大路書房、2006。
（d）ムーア, M.G.、カースリー, G.（高橋悟編訳）『遠隔教育―生涯学習社会への挑戦―』海文堂、2004。
（e）佐藤卓己・井上義和編『ラーニング・アロン―通信教育のメディア学―』新曜社、2008。

第14章　国際化と多文化共生

　2008年6月に発表された2007年度外国人登録者統計によると、日本人口の約1.7％が日本国籍を有しない外国人であるという[1]。それに、増加する国際結婚から生まれてくるダブルの子どもや帰化などを考えると、「日本人」という枠組みの中には実に多様な人びとが存在していると考えられる。日本には、日本語を話し、日本文化をもつ一つの民族がいるといわれてきた。しかし、もはやそれは一つの神話であるという考え方が市民権を得ている[2]。

　このように、多様な民族的背景や文化をもつ「違い」を有する人びとの存在が認識されるにつれ、それは社会教育の課題としても位置付けられるようになった。多文化共生という用語が一般的に用いられたとされる1990年代[3]、社会教育においても、外国人を学習者と認識しどのように日本人と外国人との共存・共生を社会教育が具現していくのかが、課題となったのである。

　今後少子高齢化による労働力の不足やグローバリゼーションに伴う国際的規模の人口移動によって、日本社会にはさらなる外国人の増加が予想される。本章では、まさに現代的課題である多文化共生をいかにして実現可能なものとしていくのか、そのために社会教育にはどのような課題があるのかを考えていきたい。

第1節　多文化教育の前史

　社会教育における多文化教育の研究や実践は1990年代以降に本格化した。しかし、多文化教育たる実践はすでに地域社会に芽生えていた。本節では、その多文化教育実践の前史について検討する。ただし、外国人を多文化教育との関係で考えるためには、まず在日外国人とは何かを明確にする必要がある。

(a) 在日外国人 ―オールドカマーとニューカマー―

オールドカマーとニューカマーは在日外国人を指すときに使われる概念である。また、「在日」といういい方もある。このような用語はすべて在日外国人を表す言葉であるが、何が違うのであろうか。

オールドカマーとニューカマーは来日の時期という文字通りの意味として受け取れると同時に、そこには在日外国人を考える上で重要な形成の「歴史」がその背後にあることを忘れてはならない。

オールドカマーは、戦前から日本で生活していた中国人や朝鮮半島出身の人びと（韓国・朝鮮人）とその子孫のことである。それに対して、ニューカマーは、1970年代以降、特に1989年の入国管理法改正以降に急増した外国人のことを指す。また、「在日」といった場合は、オールドカマーである在日韓国・朝鮮人のことを意味する。オールドカマーのほとんどを占める韓国・朝鮮人は、朝鮮半島の植民地政策によって日本に定住することとなった人びとである。

1910年の韓国併合以降の土地調査事業と産米増殖計画が当時の朝鮮半島の農業を疲弊化し食べていくためには労働者として日本に渡らざるをえず、さらに1939年からの強制連行によって炭鉱や軍需工場などに多くの人が連れられてくることとなる。そして、1952年のサンフランシスコ条約の発効を受けて朝鮮半島出身の人びとは「外国人」となる。

日本の多文化教育を、この在日韓国・朝鮮人との関係で考えなければならない理由は、彼らが戦前から日本に存在していたことと、多文化教育の生まれてくる背景がそういった彼らの形成の歴史と深く関係があるからである。

(b) 在日外国人に対する戦後の教育政策

戦前に、朝鮮語の使用禁止及び日本語の徹底化などを内容とする朝鮮教育令や朝鮮式の名前を日本式にする創氏改名などの政策を通して韓国・朝鮮人の子どもは「日本人」として教育を受けていたが、このような同化教育は戦後にも尾を引いていた。

戦後直後の国語講習所から始まった民族教育は、1948年1月の文部省学校教育長通達「朝鮮人設立学校の取扱いについて」をはじめ、1949年10月の朝鮮人学校閉鎖令の閣議決定などからわかるように、その民族教育が認められることはなかった。

それに、居住地に民族学校のない場合も多く、在日韓国・朝鮮人の子どものほとんどは日本の公立学校に通わざるを得なかった。しかし、1965年の日韓条約の発効を受け、同年12月に出された文部次官通達「法的地位協定における教育関係事項の実施について」で、日本人の子どもと同じように扱い、教育課程の編成や実施において特別な取扱いをすべきではないとしているように、韓国・朝鮮人という民族アイデンティティのための教育的配慮が学校教育にはなく、あくまでも日本人と区別しない教育が行われることとなる。

つまり、小沢有作が「朝鮮人教育の抑圧と同化教育の全面化という二本の柱が、在日朝鮮人教育にたいする日本政府の基本的な政策構造」であると指摘したように、日本社会の中で韓国・朝鮮人の子どもは韓国・朝鮮人としての自分を受け入れ、その民族アイデンティティを肯定的に形成していくことができず、そのための教育的実践は地域社会の中で取組まれ始めることとなる。

第2節　在日外国人をめぐる教育支援の動き —川崎市の場合—

在日韓国・朝鮮人は戦前の植民地支配からくる偏見や差別、そして「外国人」であることを理由に住居も仕事も自由に得られないことも多かった。民族式の名前（本名）とともに日本式の名前（通名）という二つの名前をもち、日本式の名前を名乗るという「選択」は、このような日本社会の差別から身を守るためでもあった。

1980年前後に難民条約や人権規約が日本で批准されると、国籍条項が撤廃されるなどの制度上の差別はなくなるが、その一方で日本社会における偏見や差別に対して在日韓国・朝鮮人が「在日」として生きていくための運動が始まる。その大きな転換点となったのが、1970年から4年間進められた日立就職差別闘争（日立闘争）であった。

(1) 当事者と日本人の連携による動きの芽生え

日立闘争は、日立製作所の合格通知を受け取った在日二世の青年が韓国人であることを理由に解雇されるか、その不当性を裁判と直接交渉を通して訴え、1974年に全面勝利した運動である。この運動は、第一に、民族差別撤廃という課題に在日韓国・朝鮮人が日本人との連携で取組み、その過程で在日韓国・朝鮮人と日本人との主体的かつ水平的関係ができたこと、第二に、通名から本

名を名乗ることに象徴される「在日」のアイデンティティ形成や日本人のアイデンティティ再構築という変化が起きたことから重要である。

　日本で生まれ教育を受けた在日韓国・朝鮮人による、このような異議申し立ては、みずからの権利を主張するとともに、日本社会で生きていくという「在日」することからみずからのアイデンティティを模索することを意味するものであった。そして、これは彼らの問題が日本社会の問題でもあるという日本人側の認識変化を求めるものでもあった。植民地支配の中で形成された支配—被支配の関係を変えるためには、マイノリティである韓国・朝鮮人だけでなく、マジョリティである日本人の変化こそが必要だからである。

　なぜなら、韓国・朝鮮人の否定的なアイデンティティ形成は、彼ら自身の意識のみならずそれを無意識的に受け入れ内面化するという日本人側の意識も影響しているのであり、だからこそ、両者の関係を是正するためには、「自己」と「他者」の両者の変革が重要である。共に生きるという多文化教育の理念において、在日韓国・朝鮮人をはじめとする外国人だけでなく、日本人をも視野に入れなければならない理由は、共生のアクターである「自己」と「他者」の両方の変化なしに「共生の関係」を生み出すことはできないからである。そして、その新たな関係を創り出す民族教育実践が1970年代に川崎市で始まる。

（b）民族アイデンティティの形成と教育

　「労働者のまち」川崎市には、戦前から南部地域に韓国・朝鮮人が集住地域を形成し生活していた。多住地域という特性から、川崎市は先述した日立闘争などのさまざまな運動の拠点となり、その中で教育実践も始まる。

　公教育において韓国・朝鮮人の子どもに対する取組みは、1970年代の川崎市にはなかった。韓国・朝鮮という民族を受け入れ前向きにみずからのアイデンティティを形成するために文化を学び本名を名乗るなどの実践は、在日大韓基督教会川崎教会の桜本保育園という保育園から始まることとなる。

　韓国・朝鮮人の子どもには民族文化を伝えるとともに本名を名乗らせ、日本人の子どもには本名をよぶようにし韓国・朝鮮文化について学ばせる、という民族教育の実践は、保育園だけでなく小学生、中学生までその実践は拡大していき、市から民間では初めて学童保育の委託を受けるまでの拡がりをみせていた。

　しかし、韓国・朝鮮人として本名を名乗ったとしても、学校や地域社会の差

別構造が変わらない限り、その壁を乗り越えることは難しい。韓国・朝鮮人と日本人の子どもが互いの民族を認め尊重するという多文化共生に向けての実践が、政策化の要求として市交渉に向かわざるをえない理由はここにある。学校のみならず地域社会の構造を変えるためには政策として総合的に取組む必要があり、川崎市の教育政策の中に多文化教育が位置づけられるその理由も、同様である。

川崎市では、このような地域からの要求を受けての行政交渉を経て、1986年に「在日外国人教育基本方針―主として在日韓国・朝鮮人教育」が制定された。

この基本方針は、在日韓国・朝鮮人が受けている差別や偏見という事実を教育の課題に、その差別解消を公教育の中で取組む努力を促すとともに、外国人の教育を受ける権利を認め、彼らが「民族的自覚と誇りを持ち、自己を確立し、市民として日本人と連帯し、相互の立場を尊重しつつ共に生きる地域社会の創造を目指して活動すること」の保障などをその目的に掲げている。さらに、このような活動が日本人の人権意識や国際意識の高揚にもつながることを明らかにすることで、韓国・朝鮮人教育は、日本人の課題でもあることを述べている。基本方針には教育行政および教育関係者の取組み、児童・生徒および市民に対する取組みが定められ、この基本方針に依拠しながら「ふれあい館」という社会教育施設が誕生するのは、1988年のことである。

基本方針の制定後は、教職員用指導資料『ともに生きる』や『在日韓国・朝鮮人を理解するためのハンドブック』（市民局）などが発行され、社会教育分野では人権尊重学級をはじめ韓国・朝鮮の歴史や文化に関する講座が開設されるようになった。地域社会に存在する外国人を視野に入れた政策は、この時期以降に教育だけでなく諸分野において本格化することとなる。

このように、日本に多文化教育という概念が積極的に用いられる以前は、在日外国人教育、在日韓国・朝鮮人教育として、主にオールドカマーの韓国・朝鮮人との関係を中心とした実践や政策が展開されていた。しかし、1990年代以降にニューカマー外国人が急増すると、多文化教育、多文化共生教育という概念が用いられ、オールドカマーだけでなくニューカマーをも対象とするものへと移行するようになる。共生や多文化教育という概念が頻繁に使われ定着していくのも、この時期である。

第3節　自治体における多文化教育への取組み

　1980年代から農村の外国人花嫁、外国人労働者やその子どもなど、いままで在日外国人のほとんどを占めてきた「在日」とは違うニューカマー外国人が増えてくると、自治体の多文化共生に対する政策は、さらなる発展をみせることとなる。

（a）**識字・日本語学習という視点**

　在日一世の識字問題があるにせよ、ニューカマー外国人の学習支援において最も必要となってきたのは、日本語学習であった。1990年が国際識字年に制定されたこともあって、識字問題に対する関心が高まる中、日本語学習を公的に保障することが社会教育に求められた。

　日本語に対する学習支援は、以前から夜間中学や社会人学級などであったが、川崎市の場合、1990年代半ばまでに七つのすべての市民館に識字・日本語学級が常設される。

　識字・日本語学級は、単に文字がわかるということではなく人間らしく生きるための人権の保障という視点からのものであり、ボランティアである共同学習者と外国人市民とが対等な関係で進めることが日本語学習のあり方であるとした[10]。2003年には「川崎市識字・日本語活動の指針」を定め、その指針の中に次のような五つの基本理念を位置づけている。

①識字・日本語学習は、基本的人権です。
②識字・日本語学習に対する支援は、市及び市民の活動として行われます。
③識字・日本語学習の活動は多文化共生社会の実現をめざします。
④識字・日本語学習の活動を実りあるものにするためには、活動にかかわるすべての人々による共同の学習が重要になります。
⑤識字・日本語学習の活動はできる限り幅の広い学習要求や学習条件に対応することをめざします。

　あくまでも同じ市民である外国人の学習権を保障し、識字・日本語学習を通して外国人と日本人が共に生きる地域社会を目指すことが、この指針からは読

み取れる。ボランティアに関しても「識字ボランティア研修」が市民館の事業として取組まれていることも見逃してはならないであろう。また、市民館だけでなく市民団体による日本語教室も開かれ、識字・日本語学習は在日外国人に対する重要な教育・学習支援となっている。

　学校教育においても、日本語指導の必要な児童・生徒のために日本語指導等協力者を派遣している。また、1997年からは「民族文化講師ふれあい事業」を制度化した。「日本人児童生徒と外国人児童生徒の双方に、互いの文化を尊重し合い、ともに生きる豊かな社会を築いていこうとする意識と態度を育んでいくこと[11]」を目的とするこの事業は、子どもたちにみずからさまざまな国の文化を体験することで、多文化共生に対する意識を身につけさせようとするものである。

　在日外国人をめぐる状況が変わるにつれ、1986年制定の基本方針は1998年に「川崎市外国人教育基本方針―多文化共生の社会をめざして」に改定された。

　新方針には、次の基本的な考え方――①国籍・民族等にかかわらず、すべての子どもの学習権を保障し、教育における内外人の平等、人間平等の原則の徹底に努める、②社会における少数の立場の者（マイノリティ）の文化を尊重し、あわせて外国人市民の積極的な社会参加を支援する、③日本人と外国人の相互の豊かさにつながる共生の教育をめざし、過去の歴史的な経緯をしっかりおさえ、同化や排除意識からの脱却をはかる――が表明され、「多文化共生をめざす在日外国人教育」を進めることが教育の役割と責務であることを改めて明確にした[12]。

　このように、オールドカマーを中心とした教育政策からニューカマーの増加による教育政策へと拡がりをみせている中で、自治体の多文化教育政策はいまどのような段階に差しかかっているのであろうか。

(b) 多文化共生の具現化に向けての努力

　川崎市における多文化教育の取組みに対して、教育委員会では2000年から「外国人教育推進連絡協議会」を設置、学校教育と社会教育、市民活動間の連携を図っている。

　具体的には、学校教育では外国籍児童生徒基本調査や進路状況調査などの実態調査、教職員研修、民族学校との交流、保護者向けの啓発資料の作成などを、

社会教育では平和・人権尊重学級や識字・日本語学級の実施、指導者研修、職員研修、ふれあい館との連携、啓発活動に取組んでいる。

2005年に制定され、2008年に改定された「川崎市多文化共生社会推進指針」においては、基本理念——人権の尊重、社会参加の推進、自立に向けた支援——のもと施策推進の基本方向の一つに「多文化共生教育の推進」を規定している。[13]指針の推進内容は、次のようである。

①行政サービスの充実——行政サービスの提供、情報提供・相談窓口、年金制度など
②多文化共生教育の推進——就学の保障と学習支援、違いを認め合う教育、地域における学習支援、家庭へのサポート
③社会参加の促進——市政参加、地域における外国人市民グループ等の活動
④共生社会の形成——市民への意識啓発、市職員等の意識改革、市職員の採用、事業者への啓発、国際交流センターの活用
⑤施策の推進体制の整備——行政組織の充実、関係機関・ボランティア団体等との連携、国等への働きかけ

どのように外国人市民と日本人市民がともに地域社会で暮らしていくのかという「多文化共生社会の実現」に向けて、教育だけでなく行政体制の整備や外国人市民の社会参加、市職員採用などのさまざまな分野からの働きかけが、この指針に盛り込まれていることがわかるであろう。

さらに、外国人市民と日本人市民との対等な関係、そこから地域社会を豊かにしていく共生社会の形成において、近年は外国人市民みずからの主体的な動きもみられる。1996年に設置された「川崎市外国人市民代表者会議」の代表を務めた人びとからつくられたNPO法人「KFV」は、国際理解教育の推進を中心に「民族文化講師ふれあい事業」の講師として務めるなど、何かをしてもらうのではなく、外国人市民みずからが社会の一員として発信し行動していく活動を行っている。[14]

川崎市における多文化教育への動きは、在日韓国・朝鮮人の子どもに対する地域の教育実践から生まれ、1986年には「在日外国人教育基本方針」が制定

され、川崎市ならではの多文化教育を模索する動きが始まった。それは、1990年代以降の地域社会の国際化を受けての日本語学習支援をはじめとする「多文化共生教育」へと発展し、互いの違いを受け入れ尊重するという「共生の関係」を目指した実践として、いまなお続いているのである。

第4節　実現可能な多文化共生へ

「多文化共生」という考え方や概念が出され、多くの自治体に多文化共生社会に向けての諸施策がとられている。そして、それは自治体だけに留まったものではなく、中央政府においても多文化政策の必要性が認識されている。

多文化共生と関連して注目すべき動きを紹介すると、まず2001年から始まった「外国人集住都市会議」がある。日系ブラジル人の多く居住する13の自治体（2008年4月現在26都市）が集まり発足したもので、多文化共生社会を「日本人住民と外国人住民が、互いの文化や価値観に対する理解と尊重を深めるなかで、健全な都市生活に欠かせない権利の尊重と義務の遂行を基本とした真の共生社会」と定義し、浜松宣言（2001年）をはじめ、外国人の子どもに対する教育支援など積極的な政策提言を行っている。

また、総務省は2005年に「多文化共生に関する研究会」を設置、2006年と2007年に報告書を出している。いままでの自治体中心から国レベルで多文化政策に取組む必要性を提示する一方で「多文化共生プラン」の策定を自治体に呼びかけるなどの動きをみせていることは注目すべきであろう。どのように多文化共生を実現していくのか、その道筋への模索がさまざまな場面で始まっているのである。

日本における多文化教育は、オールドカマーといわれる在日韓国・朝鮮人の教育問題から出発し、ニューカマー外国人の増加とともにその研究や実践が発展してきた。外国人という「他者」を受け入れ、日本社会の中で日本人と「共に生きる」ことを実現していくことは、簡単なことではない。外国人だけでなく日本人が、外国人との共生を常に日本人の問題、日本社会の問題として認識することなしに多文化共生は実現できないのである。だからこそ、多文化共生教育へと教育のパラダイムを変えていくことが必要である。

共生を中核とする「多文化共生教育」へのパラダイム転換、つまり多文化共

生を実現可能なものとするためには、多文化共生が外国人を視野に入れたものだけでなく、日本人自身の問題や課題であるという、マジョリティへの視点が大事であることの認識から出発しなければならない。「自己」と「他者」という共生の関係を日本社会でつくり出していくためには、両者の変革、両者の認識転換が必要なのである。それがより豊かな日本社会へと繋がるのはいうまでもない。

　多文化共生をめぐってさまざまな政策や施策が出されている中で、それを現実のものとしていくためには、マジョリティである日本人市民が外国人を受け入れ、多文化共生を考えていくための学びがより求められる。外国人市民に対する教育・学習を支援する環境を整える努力とともに、日本人市民への働きかけも決して怠ってはならない。

　共生という考え方については、「スローガン」になることへの指摘もみられるが、しかし、多文化共生に代わる代案を私たちは持ち得ているのだろうか。多文化共生をいまの日本社会の現実が求めているのであれば、それをいかに実現可能なものとするのか、それを考えるべき時期に私たちは来ているのである。

【注】
（1）法務省出入国管理局「平成19年末現在における外国人登録者統計について」2008年6月。
（2）その代表的な論著は、小熊英二の『単一民族神話の起源—＜日本人＞の自画像の系譜』新曜社、1995であろう。
（3）山脇啓造は、多文化共生ということばが「1990年代半ばごろに市民団体が使い始め、少しずつ全国に広がっていった用語で、自治体が『多文化共生』をキーワードに外国人施策を進めるようになったのは1990年末以降である」と指摘する。『自治体国際化フォーラム』、2007年1月号、p.9。
（4）在日コリアン、朝鮮人、韓国人などとも言われているが、本稿では、戦前日本に渡った朝鮮半島出身者とその子孫のことを在日韓国・朝鮮人とする。
（5）1990年から施行された入国管理法改正によって就労可能な在留資格と不可能な在留資格が明確となり、さらに日系人の在留資格の取得の手続きが簡素化された。
（6）土地調査事業とは、「土地所有権の調査、地税及び地税賦課税を課すための土地価格の査定、測量による地形地貌の調査」を内容とするもので、この事業によって多くの土地を農民たちが失うこととなる。産米増殖計画は日本の食糧問題

のために「15 年間の土地改良と耕作方法の改善、水利施設の完備で米約 120 万石の増産を目指したもの」で、その費用の負担などから、農民たちの離脱が起きていたのである。金侖貞『多文化共生教育とアイデンティティ』明石書店、2007、p.31-32。
（7）小沢有作『在日朝鮮人教育論―歴史編―』亜紀書房、1973、p.207。
（8）関西地域の場合は 1970 年を前後として先生たちを中心に韓国・朝鮮人生徒の本名を名乗る運動が始まっていたが、関東地域では当時そういった動きはみられなかった。金一勉『朝鮮人はなぜ「日本名」を名乗るのか』三一書房、1978、p.223-241。
（9）川崎市在日外国人教育基本方針―主として韓国・朝鮮人教育（1986 年 3 月 25 日）より。
（10）川崎市地域日本語教育推進委員会「共生のまちづくりをめざす日本語学習のあり方――川崎市地域日本語教育推進事業報告書――」1997、p.21。
（11）川崎市教育委員会「かわさき外国人教育推進資料 Q&A ともに生きる――多文化共生の社会をめざして」2008、p.16。
（12）川崎市外国人教育基本方針―多文化共生の社会をめざして（1998 年 4 月 28 日）より。
（13）川崎市「川崎市多文化共生社会推進指針」（2008 年 3 月）より。
（14）詳しくは、金侖貞「多文化共生社会に向けての外国人市民の社会参加」、日本社会教育学会編『NPO と社会教育』東洋館出版社、2007。
（15）外国人集住都市会議「豊田宣言」（2004 年 10 月）より。
（16）在日外国人を通して日本の教育パラダイムを変えていくことは 1980 年代から多くの論者によってすでに指摘されてきた。たとえば、尹健次は「在日朝鮮人を日本国家と一体化した国民教育から解放し、自立した民族としての教育を保障することによって、それを通して、日本の教育変革を成し遂げていこうというものである」と論ずる。尹健次『異質との共存―戦後日本の教育　思想・民族論―』岩波書店、1987、p.116。
（17）金泰泳は、現実には存在する不平等な力関係をみえなくする「口あたりのよいスローガン」になることの危険性を指摘している。『アイデンティティ・ポリティクスを超えて』世界思想社、1999、p.35。

【引用・参考文献】
（a）小沢有作『在日朝鮮人教育論―歴史編―』亜紀書房、1973。
（b）金泰泳『アイデンティティ・ポリティクスを超えて』世界思想社、1999。

（c）金侖貞『多文化共生教育とアイデンティティ』明石書店、2007。
（d）朴君を囲む会編『民族差別』亜紀書房、1973。
（e）細見和之『アイデンティティ／他者性』岩波書店、1999。

索 引

〈あ行〉

アイデンティティ 47
新しい公民館像をめざして 119
新しい時代に対応する教育の諸制度の
　改革（中教審） 177
新しい時代を切り開く生涯学習の振興
　方策について（中教審） 118
アンドラゴジー 27, 43, 53, 58, 59
アンドラゴジーモデル 28
暗黙知 52
意識化 45
意識化論 53
伊藤寿朗 121
いなみ野学園 66
居場所 163
eラーニング 190
インストラクショナル・デザイナ
 196
インタラクション 194
インタラクティブ性 191
ウェッブスター（デビッド） 61
エイジング 59
NGO 145
NPO 145

NPOの教育力 152
NPO法 147
エリクソン（エリク） 47
エル・ネット（教育情報衛星通信ネッ
　トワーク） 192
遠隔教育 189, 193
遠隔教育のシステムモデル 196
エンゲストローム（ユーリア） 52
OECD（経済協力開発機構） 15
大阪府高齢者大学 67
小川利夫 119
小沢有作 207
オールドカマー 206

〈か行〉

外国人集住都市会議 213
回顧へのニーズ 64
改正教育基本法 180
解放の教育 18
学社連携 160
学習契約 31
学習圏 81
学習権宣言 18
学習参加 35
学習参加を阻害する要因 36

学習資源の連携・ネットワーク化	96
学習社会	12
学習する地域	113
学習成果の評価	174
学習成果を幅広く生かす	178
学習相談員	199
学習組織論	51, 54
学習の成果を幅広く生かす	167
学習・秘められた宝	14
学習プログラム	87
学習プログラムの可塑性	94
学習プログラムの自己組織性	98
学習プログラム編成	87
活動理論	52, 54
カルチャーセンター	131
川崎市外国人教育基本方針	211
川崎市外国人市民代表者会議	212
川崎市識字・日本語活動の指針	210
川崎市多文化共生社会推進指針	212
管理委託制度	122
キーガン（デズモンド）	200
キャッテルとホーン	61
キャリア教育	167
キャリア支援	167
急激な社会構造の変化に対処する社会教育のあり方について（社教審）	159
教育振興基本計画	74, 169
教育老年学	59
教師主導的学習	33
共生の関係	208
業務独占資格	181
経験学習	175
経験学習論	49
形式知	52
継続教育単位	182
契約学習	30
結晶性知能	61
言語性知能	61
現代的生涯学習論	9
公的資格	181
行動的市民	94
公民館	90, 117, 118, 120
公民館三階建論	119
公民館の建設	118
公立図書館	120
公立図書館の設置及び運営上の望ましい基準	122, 123
高齢者教育	58
高齢者大学	65
高齢者に特有の教育的ニーズ	63
高齢者の発達特性	60
国民生活審議会	79
個人の需要	92
国家資格	181
古典的生涯教育論	9
子どもの権利条約	165
子どもの社会教育	160
コミュニティ	79
コルブ（デビッド）	48
これからの図書館像	120
今後における学校教育の総合的な拡充整備のための基本的施策について（中教審）	159

〈さ行〉

在学青少年	159
在日外国人	206
在日外国人教育基本方針	209

索　引

参画のはしご	165	生涯学習審議会答申	93
CERI（教育研究開発センター）	15	生涯学習振興法	75, 140, 162
ジェルピ（エットーレ）	17	生涯学習の振興のための施策の推進体制等の整備に関する法律	21
ジェロゴジー	58, 59		
資格	181	生涯学習のまちづくり	77
識字教育	19	生涯学習パスポート	179, 180
識字・日本語学級	210	生涯学習モデル市町村事業	77
自己学習センター	112	生涯教育	21
自己決定学習（self-directed learning）	17, 44	生涯教育について（中教審）	20, 75, 162, 173
自己主導的学習	30	生涯審答申	76
自己評価	176	生涯発達	47
持続可能な発展	93	生涯発達心理学	47
自治体内分権	104	状況的学習	50, 152
実践共同体	54, 103	庄司興吉	82
指定管理者制度	123	女性教育施設	115
シニア大学	65	初等中等教育と高等教育との接続の改善について（中教審）	167
市民社会的自治	102		
市民の図書館	120	人的資本	185
社会関係資本	185	垂直的統合	11
社会教育施設	115	水平的統合	12
社会教育調査	90, 132	ストラスクライド大学	68
社会教育法	116, 180	生活世界	102
社会体育施設	115	生活体験・自然体験が日本の子どもの心をはぐくむ（生涯審）	163
社会的地区開発	111		
社会的評価	175	青少年育成施策大綱	168
社会の変化に対応した今後の社会教育行政の在り方について（生涯審）	140	青少年健全育成国民会議	160
		青少年審議会	166
社会の要請	92	青少年と社会参加	161
社会文化センター	103	青少年の奉仕活動・体験活動の推進方策等について（中教審）	163
ジャービス（ピーター）	49		
生涯学習	11, 17	青少年問題審議会	160
生涯学習評価	183	成人教育学	43
生涯学習審議会	76, 163	成人教育国際会議	94

成人教育推進国際委員会	11
成人識字教育	45
生成語	44
正統的周辺参加	50, 54, 103
青年教育施設	115
選択的最適化とそれによる補償	62
選択的な共同体	156
ソーシャル・キャピタル	74

〈た行〉

第三期の大学	65, 68
第4次全国総合開発計画	80
WBT	190
多文化教育	205, 210
多文化共生	205
多文化共生教育	214
単位累積加算制度	175
地域社会	101
地域生涯学習振興基本構想	76
地域センター型施設	103
地域の自治	101
地域博物館論	121
知恵	62
知識創造学習	51
知識創造論	54
知能のプラグマティクス	61
知能のメカニクス	61
地方自治体の改正	122
地方分権推進法	78
中央教育審議会	75
中教審答申	92
中小都市における公共図書館のあり方	120
デューイ（ジョン）	48
寺中構想	118
転換時代	101
動作性知能	61
登録生涯学習制度	182
特定サービス産業実態調査	131, 135
特定非営利活動促進法	146
図書館	116
図書館法	117
ドロール（ジャック）	14

〈な行〉

内在的報酬	59
ニート	166
ニューカマー	206
人間関係の再構築	64
認証システム	179
能力認定型資格	181
野中郁次郎	51
ノールズ（マルコム）	28, 43, 58, 183

〈は行〉

ハヴィガースト（ロバート）	64, 161
博物館	116
博物館法	117
ハッチンス（ロバート）	12
ハート（ロジャー）	165
パットナム（ロバート）	201
バルテス（ポール）	61, 62
万人ための生涯学習	16
ハンブルク宣言	73, 101
PIAAC（成人コンピテンシーの国際評価プログラム）	186
非状況的学習	152
P-D-C-Aサイクル	90

評価の多元化	181	未来の学習	13
フェミニズム教育学	45, 53	民間資格	181
フォール（エドガー）	13	民間非営利組織	145
フリースクール	164	メルボルン・シティの第三期の大学	68
フリーター	166	文部次官通牒「公民館の設置及び運営について」	118
ふれあい館	209		
フレイレ（パウロ）	18, 44	〈や行〉	
ブレンディッド・ラーニング	193	ゆう杉並	164
プロセス重視の評価法	185	ユネスコ国際成人教育会議	73
平均寿命	57	ユネスコ第4回国際成人教育会議	18
ペイシング	61	〈ら行〉	
ペダゴジー	25, 59	ライフ・レヴュー	65
ペダゴジーモデル	28	ラングラン（ポール）	11
変容的学習	49	リカレント教育	15, 170
ポジティブ・エイジング	60	流動性知能	61
ボランティアパスポート	179	臨時教育審議会	21, 174
ホワイトキャンバス	164	臨時教育審議会第3次答申	77
〈ま行〉		ルービンシュタイン（アルトゥール）	62
マクラスキー（ハワード）	63	連携・ネットワーク化	96
松原治郎	161	老人大学	65
宮島喬	83		
宮原誠一	170		
宮水学園	66		

【編者】

小池 源吾（こいけ げんご）　広島大学名誉教授
手打 明敏（てうち あきとし）　筑波大学名誉教授

【執筆者】執筆順、（　）内は執筆担当箇所

藤村 好美（ふじむら よしみ）（第1章）　群馬県立女子大学文学部
小池 源吾（こいけ げんご）（序文、第2章）　編者
赤尾 勝己（あかお かつみ）（第3章）　関西大学文学部
堀 薫夫（ほり しげお）（第4章）　大阪教育大学教育学部
手打 明敏（てうち あきとし）（第5章）　編者
金藤 ふゆ子（かねふじ ふゆこ）（第6章）　文教大学人間科学部
谷 和明（たに かずあき）（第7章）　東京外国語大学名誉教授
生島 美和（おじま みわ）（第8章）　弘前学院大学文学部
佐々木 保孝（ささき やすたか）（第9章）　天理大学人間学部
田中 雅文（たなか まさふみ）（第10章）　日本女子大学人間社会学部
安藤 耕己（あんどう こうき）（第11章）　山形大学地域教育文化学部
山川 肖美（やまかわ あゆみ）（第12章）　広島修道大学人文学部
志々田 まなみ（ししだ まなみ）（第13章）　広島経済大学経済学部
金 侖貞（きむ ゆんじょん）（第14章）　首都大学東京都市教養学部

【編著者略歴】

小池源吾（こいけ・げんご）
 1978年　広島大学大学院教育学研究科博士課程単位取得退学
 現　在　広島大学名誉教授
 主　著　監訳『アメリカ成人教育史』明石書店（2007）

手打明敏（てうち・あきとし）
 1979年　筑波大学大学院教育学研究科社会教育専攻博士課程単位取得退学
 現　在　筑波大学名誉教授
 主　著　『近代日本農村における農民の教育と学習』日本図書センター（2002）

生涯学習社会の構図

2009年4月15日　初版第1刷発行
2017年3月31日　　　第4刷発行

編著者　小池源吾，手打明敏
発行者　石井昭男
発行所　福村出版株式会社
〒113-0034 東京都文京区湯島2-14-11
TEL 03-5812-9702　FAX 03-5812-9705
http://www.fukumura.co.jp
印刷／文化カラー印刷　製本／協栄製本
Ⓒ G. Koike, A. Teuchi 2009

ISBN978-4-571-10145-8 C3037／Printed in Japan
落丁・乱丁本はお取り替えいたします。
◎定価はカバーに表示してあります。

福村出版◆好評図書

立田慶裕・井上豊久・岩崎久美子・金藤ふゆ子・佐藤智子・佐野亮吾 著
生涯学習の理論
●新たなパースペクティブ
◎2,600円　ISBN978-4-571-10156-4　C3037

学習とは何か，学びに新たな視点を提示して，毎日の実践を生涯学習に繋げる，新しい学習理論を展開する。

R. L. ローレンス 編／立田慶裕・岩崎久美子・金藤ふゆ子・佐藤智子・荻野亮吾・園部友里恵 訳
身体知
●成人教育における身体化された学習
◎2,600円　ISBN978-4-571-10174-8　C3037

人は，なぜ，どのように，身体を通して学ぶのか。成人教育における身体の持つ教育的意義とその実践の方法を説く。

M. ロシター・M.C. クラーク 編
立田慶裕・岩崎久美子・金藤ふゆ子・佐藤智子・荻野亮吾 訳
成人のナラティヴ学習
●人生の可能性を開くアプローチ
◎2,600円　ISBN978-4-571-10162-5　C3037

人は，なぜ，どのように，語ることを通して学ぶのか。ナラティヴが持つ教育的な意義と実践を明快に説く。

S. B. メリアム 編／立田慶裕・岩崎久美子・金藤ふゆ子・荻野亮吾 訳
成人学習理論の新しい動向
●脳や身体による学習からグローバリゼーションまで
◎2,600円　ISBN978-4-571-10153-3　C3037

生涯にわたる学習を実践する人々に，新たなビジョンを与え，毎日の行動をナビゲートする手引書。

河野和清 編著
現代教育の制度と行政〔改訂版〕
◎2,300円　ISBN978-4-571-10179-3　C3037

現代の教育を支える制度と行政を，体系的かつ初学者にもわかりやすく解説した好評入門書の改訂版。

鈴木昌世 編著
「家庭団欒」の教育学
●多様化する家族の関係性と家庭維持スキルの応用
◎2,800円　ISBN978-4-571-10175-5　C3037

家族形態が多様化した現代で，教育の場としての家庭団欒を見直し，子どもが幸せに育つ家庭のあり方を考察。

金藤ふゆ子 編著
学校を場とする放課後活動の政策と評価の国際比較
●格差是正への効果の検討
◎5,200円　ISBN978-4-571-10172-4　C3037

児童の放課後活動を，独・英・米・典・豪・日の6カ国の研究者が分析。その評価基準を比較検討し，課題を考える。

◎価格は本体価格です。